Mapee – Método de Análise e Projeção Empresarial Estruturante

Organizações muito além do planejamento estratégico

www.mapee.com.br

Fundadores:

- Sérgio G. Ferreira – Idealização e coordenação
- Ary Balata
- Gustavo Guimarães
- Ana Luiza Ferreira
- Alexandre Rebouças
- Tânia Bacelar
- Valdeci Monteiro
- Jorge Jatobá
- Paulo Guimarães
- Angela Lima
- Cecília Lima
- Germana Lucena
- Cassia Oliveira
- Gilson Nunes Filho
- Pedro Pereira
- André Morais
- Ana Cláudia Alexandre
- João Gratuliano

Este manual foi organizado por Sergio G Ferreira e revisado por Valdeci Monteiro, Tânia Bacelar, Jorge Jatobá, João Gratuliano e Angela Lima. Todos os fundadores do Mapee participaram da revisão das questões apresentadas no método.

A marca Mapee é registrada no INPI e o método está depositado em sistema de arquivo de Copyright

Recife, 2020 (versão 2 – maio 2020)

SUMÁRIO

- APRESENTAÇÃO	4
- FUNCIONAMENTO DO MAPEE NA WEB	14
- O MAPEE PASSO A PASSO	18
- AS PERGUNTAS E SEUS SENTIDOS	
• 1W – What (1W1 a 1W16)	20
• 2W – Where (2W1 a 2W10)	37
• 3W – When (3W1 a 3W6)	45
• 4W – Who (4W1 a 4W32)	51
• 1H – How (1H1 a 1H29)	77
• 5W – Why (5W1 a 5W12)	104
- CONCLUSÃO	116
- NOTAS	117

APRESENTAÇÃO

Observa-se quanto ao planejamento e gestão que a ciência da administração, pelo menos até a década de 2010, praticamente só tem estudado as empresas de forma segmentada por departamentos. No caso elas são analisadas por áreas, principalmente focando vendas, marketing, logística, gestão de pessoas, tecnologia, produção, compras, administração, finanças e contabilidade.

É fato que a partir dos anos 1970, com o *planejamento estratégico*, teve início uma análise que procura ver os negócios em todos os aspectos, de forma ampla e integrada, inclusive as relações com o ambiente externo.

Entretanto, em muitas empresas quem cuida do planejamento estratégico ainda é considerado um estranho, alguém que realiza uma consultoria apenas eventual e posteriormente fica sem qualquer interface com a organização. Assim, até um planejamento bem realizado pode ser esquecido, haja vista que frequentemente nem mesmo é escolhido um representante interno da empresa, para periodicamente fazer a ligação com o consultor externo de gestão estratégica.

Nessas situações, numa analogia, é como se a "mente" (nas empresas a dinâmica estratégica) repentinamente acordasse com o plano, mas logo a seguir ela seja separada do "cérebro" (coordenação geral das operações das empresas). Esse fato resulta, em algumas ocasiões, no esquecimento do que foi pensado em razão do pouco estímulo à integração entre "mente" e "cérebro". Também pode ocorrer, em outros casos, que as ações sejam realizadas de forma diferente em relação às concepções originais, as quais tinham sido selecionadas e registradas após sessões de *brainstorms* e processos decisórios colegiados. Seja como for, em circunstâncias como essas o planejamento estratégico não é absorvido pela cultura da empresa.

Considerando a tendência à departamentalização, observada no estudo e na prática da administração de empresas, se formam muitos especialistas focados em determinadas áreas, porém sem ter uma visão integral das organizações. Fazendo uma comparação com a medicina, é como se faltasse a clínica geral, ou seja, uma disciplina que promove o diálogo com as outras especialidades e, o mais importante, entendendo a fisiologia e a dinâmica entre os órgãos do corpo.

É realmente apropriada a analogia: do médico clínico geral com um consultor empresarial generalista, ambos vendo os corpos funcionais como um todo. Com outras palavras, está se procurando imaginar a formação de profissionais com visão integral das empresas, bem como das inter-relações existentes de cada uma das áreas com as outras[1].

O **Mapee** (Método de Análise e Projeção Empresarial Estruturante) chegou para suprir essa carência do "clínico geral", criando o "consultor geral" ou mapeador de empresas.

Como o **Mapee** consegue esse diferencial?

Inicialmente apoiando-se na Técnica de Elaboração e Análise de Projetos Econômico-Financeiros (aqui resumida como TEAP). Este método surgiu após a segunda guerra mundial (1939-1945), no âmbito do BIRD (Banco Internacional para Reconstrução e Desenvolvimento). Visou estruturar novos negócios com a oferta de um instrumento para analisar e selecionar os empreendimentos que mereciam aportes dos bancos e agências de fomento[2].

A Técnica de Elaboração e Análise de Projetos Econômico-financeiros possibilita conhecer um negócio com profundidade, a partir do exame de todos os aspectos que estão envolvidos tanto na construção como na operação de um empreendimento. E, como a TEAP integra todas as informações num só documento, passa a existir uma visão condensada das empresas que estão apresentando os seus projetos para o exame dos agentes de financiamento.

Por sua vez, estudando a TEAP é possível verificar que dando respaldo à técnica, ou melhor, fundamentando-a, estão as perguntas clássicas: *O quê? Onde? Quando? Como? Quem? Por quê?* É como se a técnica estivesse fazendo perguntas diretamente às pessoas, porém nesse caso, jurídicas.

Desse modo essas questões básicas, atualmente conhecidas como 5W1H (ou melhor, 5W2H porque os norte-americanos acrescentaram o *How much* à antiga lógica grega - *logos*), também dão suporte ao Método de

Análise Projeção Empresarial Estruturante (**Mapee**). Mais do que isso, são fundamentais no método[3].

Um projeto elaborado seguindo a TEAP, onde estão implícitas as seis questões básicas, consegue perceber: 1- qual é o produto ou serviço e seu mercado (o quê); 2- as condições locacionais (onde); 3-o *timing* do empreendimento (quando); 4- a tecnologia e os processos (como); 5- as pessoas que estão envolvidas e as que poderão se envolver (quem); 6- qual a razão de ser do empreendimento e suas metas (porquê).

Esse *porquê*, no caso de uma perspectiva estritamente capitalista/financeira, é simplesmente a TIR (Taxa Interna de Retorno do Capital) ou o *How much*. Entretanto, a cultura empresarial tem evoluído e atualmente as organizações que não estejam atentas, também, para os aspectos sociais e ambientais não tem sustentabilidade no longo prazo. Com efeito, no capitalismo contemporâneo apenas a obtenção de mais lucro não é suficiente para indicar a pertinência de um negócio.

Um dado importante é o fato da TEAP e o conjunto questionador 5W2H servirem para analisar empresas de qualquer porte e setor da economia. Com efeito, os projetos econômico-financeiros são elaborados para negócios de pequeno, médio ou grande porte, sejam agrícolas, industriais ou empreendimentos no setor de serviços (qualquer segmento).

O **Mapee** trouxe no seu desenvolvimento outra técnica. É o método GUT (Gravidade, Urgência e Tendência), que investiga com atenção os fatos em si e procura ver o entorno, estabelecendo uma escala de prioridade com cinco níveis. Importante destacar que enquanto o 5W2H é voltado para se fazer perguntas adequadamente, o GUT ajuda a ter maior precisão nas respostas.

A técnica GUT tem semelhança com o modo como se prioriza, no dia a dia, as tarefas que precisam ser realizadas. Mas, vai além do sentimento sobre a *importância* e *urgência* das coisas que devem ser feitas, evidenciado cada uma, a seu tempo. Com efeito, no GUT há um terceiro marcador aprofundando a análise, qual seja, a *tendência*, que nos transporta do presente para o futuro, ao questionar: *se nada agora for feito sobre esse ponto, o que acontecerá*? A resposta pode informar que tudo continuará como está ou, noutro extremo, que aquele ponto rapidamente vai se deteriorar e, assim, trará dificuldade para a empresa, já no curto prazo.

Em resumo, a abordagem das organizações inspirada na TEAP e a junção do 5W2H com o GUT formam um diferencial, que potencializa a força do **Mapee** como ferramenta de diagnóstico empresarial.

Voltando a falar do Planejamento Estratégico registra-se que, sem dúvida, este tornou-se um método fundamental e definitivo na ciência da administração. Por isso no **Mapee** o planejamento estratégico é devidamente priorizado, ressaltando, dentre outros aspectos, que ele promove o levantamento da importantíssima tríade organizacional: *missão*, *visão* e *valores* das empresas.

Lembra-se que muitas vezes essa tríade não é diretamente percebida, mas ela naturalmente está presente nos negócios. Talvez, apenas no inconsciente da cultura empresarial, sem ser algo pensado e que pode ser trabalhado. De outro modo, planejar com visão estratégica pode tornar consciente fatos organizacionais despercebidos. Cabe ao mapeador fazer a análise do ambiente dos negócios e dialogar sobre esse fato com a alta gestão.

Ademais, no Planejamento Estratégico está a análise dos pontos fortes e fracos, das oportunidades e ameaças, consolidada na matriz *SWOT*. Com efeito, contemporaneamente não é aceitável administrar sem que as empresas conheçam suas: *Strengghs/Weaknesses – Opportunities/Threats*.

Em grande parte é visando levantar adequadamente os pontos fortes e fracos, bem como as oportunidades e ameaças, presentes ou potenciais nas organizações, que se encontra desenvolvido no **Mapee** um questionário estruturado com base no 5W2H. São cento e cinco perguntas, formuladas e amadurecidas em muitos anos de trabalho dos criadores do método, uma experiência que foi sendo acumulada, exatamente, utilizando a TEAP no dia a dia.

Um diferencial do **Mapee**, distinguindo-o de outros métodos que facilitam a elaboração do planejamento estratégico, é o fato de não se utilizar a técnica do *brainstorm*, de onde podem surgir como estruturais e importantes, pontos meramente passageiros. Ou seja, a opção por uma abordagem mais analítica abre a possibilidade de realmente emergir questões de vulto na estratégia, que em outros exames poderiam passar despercebidas. Desse modo, ressalta-se que um dado relevante do **Mapee** é a possiblidade de estruturar uma boa matriz *SWOT*.

Significativo também é o fato do método mostrar a atividade empresarial de forma segmentada por departamentos, mas isso só após o exame geral da organização. Ou seja, a separação por áreas de trabalho só acontece ao final, após o mapeamento que o "consultor clínico geral" faz da empresa, podendo então apresentar para a direção o diagnóstico e os relatórios do **Mapee Resultados**.

Com efeito, no site do **Mapee** encontra-se a instrução para o consultor mapeador obter os vários diagnósticos das empresas na versão **Resultados**. Essas análises vão indicar os pontos que devem ser prioritariamente atacados, visando otimizar o trabalho de consultoria e maximizar o retorno do negócio. Desse modo, inclusive, pode-se recomendar com maior segurança o serviço de um profissional especializado numa área específica, por exemplo, das áreas de finanças, tecnologia, produção, recursos humanos, ambiental, comercial ou marketing.

Assim, um especialista pode ser contratado para corrigir eventuais deficiências apontadas pelo diagnóstico do **Mapee Resultados**. Mas este método, como um integrador da gestão, tem condições de funcionar apenas com profissionais que se tornem generalistas, capacitados na própria empresa. Com efeito, esse profissional pode trabalhar diretamente os relatórios de resultados, os quais possibilitam que sejam internamente percebidas as evoluções estratégicas, levando em conta metas estabelecidas em reuniões de mapeamento. Porém é recomendável que periodicamente seja convidado um especialista no método e em cenários, com o intuito da empresa escutar opiniões externas abalizadas, de terceiros com condições de alertar para determinados pontos e fazer críticas fundamentadas.

De fato, aconselha-se que o acompanhamento do **Mapee** seja feito mensalmente e, a cada seis meses, sejam realizadas novas rodadas de respostas, pois o mundo dos negócios é tão dinâmico como a vida humana. Tanto interna como externamente os dados se alteram, sob influência de várias forças, principalmente recentes e não previstas. Afinal, a existência é permeada por possibilidades e probabilidades, observando-se sempre o surgimento de perspectivas novas, que não se consegue antever.

Outra característica do **Mapee** é o incentivo ao pensamento, reflexão e debate, sobre questões comuns e presentes nas organizações. Ressalta-se que as perguntas contempladas no método não têm, de antemão, a indicação de certo ou errado. Registra-se, inclusive, que sendo um questionário de grande amplitude, com cento e cinco questões, cobrindo empresas de todos os setores econômicos, nos casos específicos pode acontecer que algumas perguntas não sejam aplicáveis. Por isso o sistema apresenta também a opção "não aplicável", como possiblidade de resposta.

No **Mapee** cada empresa vai apresentar suas especificidades e caminhos variados para atingir as metas que vierem a ser acordadas e estabelecidas pela diretoria. As organizações traçam suas próprias estratégias e planos táticos de ação. Por sua vez, para facilitar esse traçado e o seu acompanhamento existe no método um módulo gratuito, bem como está em desenvolvimento um software específico, para auxiliar na elaboração dos planos de ação e, depois, facilitar a observação dos desdobramentos. Seja como for, reitera-se que as reuniões de monitoramento devem ser realizadas mensalmente e, semestralmente, é importante que todo o **Mapee** seja revisto.

A ciência da administração de empresas é uma das mais recentes entre as sociais aplicadas. No **Mapee** o pensador alemão Max Weber (1864 – 1920) é reconhecido como um grande percursor desse campo de conhecimento, afinal, foi quem criou o termo "administração racional". E, a ciência da organização está intimamente ligada a outras: à política, ao direito e à economia; aqui ressaltando que em todos esses saberes Max Weber agregou reflexões. Ademais, se vê no **Mapee** a ciência da administração fazendo um *mix* desses três campos de conhecimento.

Acredita-se que os estudos na área da organização ainda vivam na época da juventude. Adicionalmente, nota-se que eles vêm obtendo significativo avanço a partir do crescimento da informática, principalmente com o advento da *web*. Parece que o desenvolvimento dos hardwares e softwares, principalmente a partir dos anos 1970 (cerca de meio século após os últimos trabalhos de Weber), rapidamente levou a administração a passar da infância para a adolescência.

O maior exemplo da aplicação da TIC (Tecnologia, Informação e Comunicação) na administração racional são os ERP (*Enterprise Resource Planning*), ou seja, os já populares sistemas integrados de gestão empresarial. Entretanto, um ERP é um programa ou quadro de formulações. É como se fosse apenas um mapa estático fornecendo caminhos (talvez, com a *inteligência artificial* o mapa se torne dinâmico). Ademais, um software de gestão só funciona bem se aqueles que estão na direção das organizações souberem para onde querem ir.

Logo, é fundamental que as empresas mapeiem e entendam os caminhos a serem trilhados, além de pensar e debater sobre eles, para colocar as pessoas, os equipamentos e demais recursos trafegando vivamente nas vias internas das organizações, bem como comunicar-se com as vias do ambiente externo. Nesse sentido, o **Mapee** é um instrumento que está disponível para ajudar a pensar e desenvolver as rotas que as empresas podem e devem seguir. Afinal, "quando se navega sem destino, nenhum vento é favorável", como apropriadamente refletiu Séneca (Córdoba, 4 a.C. — Roma, 65).

O sistema ou cultura capitalista, também conhecido como economia de mercado, começou seu percurso na Era Moderna, com o capital mercantil a partir do século XIV, promovendo o surgimento das primeiras empresas visando primordialmente o lucro. Adiante este fenômeno fez prosperar grandes organizações mercantis, como as *companhias das índias*, entre os séculos XVII e XVIII. O capitalismo caminhou dessa primeira versão para a de fabricação, a qual começou a operar mais ativamente com a Revolução Industrial europeia, particularmente na França e na Inglaterra, a partir do século XVIII[4]. Foi uma época difícil para os homens, sob o comando de cruéis capitães de indústria.

No **Mapee** se entende que nas empresas os sócios ou empresários são, no mundo atual, uma das forças atuantes, os quais não devem ter vida fácil, lutando por espaço e resultados econômicos com outros intervenientes que estão presentes nos negócios[5]. São os demais *stakeholders*, também poderosos, como fornecedores, bancos, concorrentes e, o maior de todos, os governos. Noutra perspectiva estão os trabalhadores, vistos no capitalismo contemporâneo mais como colaboradores atuando para o desenvolvimento das organizações, do que como um mero *stakeholder*.

As empresas conformam no mundo contemporâneo a mais importante instituição da sociedade, quando se procura uma entidade construída pelo ser humano, com condições de oferecer sentido à vida por meio do trabalho. Observa-se que outros arranjos sociais, como famílias e formas de governança das espécies, são vistos operando bem no restante da natureza animal (basta pensar na perfeição organizacional das abelhas ou formigas). Entretanto, o ser humano tem que parar para pensar e, em razão das suas vontades de sobreviver e de dar sentido à existência, desenvolve formas próprias de organização social.

Registra-se que associações de pessoas visando realizar uma atividade produtiva existem em todas as civilizações, no Oriente e no Ocidente, desde muito antes de Cristo. A diferença da recente empresa capitalista, surgida na Era Moderna, é que o foco do ser humano está na obtenção de lucro financeiro, ao invés de concentrar-se na realização de um simples desejo ou por mera necessidade desse ser. Qual seja, anteriormente, até a Idade Média, produzia-se um bem ou se prestava um serviço visando a sobrevivência ou o interesse de se auto realizar, em vez de prestar o serviço, essencialmente, visando o lucro[6].

No mundo contemporâneo a economia com as empresas é equivalente em importância ao que, no passado, foram as religiões com as igrejas, também uma criação humana voltada para dar sentido à vida. Entretanto, essas últimas não têm o trabalho de criação ou manutenção de valores terrestres como a questão maior, haja vista que nas religiões, em outra dimensão, é a ligação com o divino ou sua louvação que fornece o sentido para a existência humana[7].

Sendo concebida pelo homem e assemelhando-se à vida observada na natureza, é fundamental que a empresa seja percebida como um corpo que precisa ser tratado integralmente. Desse modo, não será vitoriosa uma empresa que privilegie apenas uma força de modo isolado, seja ela o trabalhador, o empresário, o fornecedor, o banco, o governo ou os clientes. É evidente que todas essas forças interagem e disputam espaço, mas formam um conjunto, o qual, para a sobrevivência da espécie humana, precisa do entendimento de todos os *stakeholders*.

Quando se pensa na vida ainda curta da ciência da administração (aproximadamente cem anos) e na outra vida pouco mais longa do capitalismo (quinhentos anos), porém ambos fenômenos relativamente recentes, *vis-à-vis* à história de dois mil anos da cultura romana-cristã, constata-se que a força da economia e das empresas conduzindo o mundo ocidental é, temporalmente, menor do que foi o poder das religiões[8]. De qualquer modo, percebe-se que há um vasto espaço a ser percorrido no sentido de desenvolver as organizações criadas pelo ser humano para facilitar a sua vida, bem assim, a ciência da administração precisa estar sempre crescendo e inovando para poder oferecer respostas adequadas às demandas organizacionais.

Acredita-se no potencial do **Mapee** como um novo instrumento para dinamizar a ciência da administração, considerando que o método contribui para levar os gestores a pensar de forma estruturante sobre suas empresas e sobre o ambiente em que estão imersos, acompanhando o desenvolvimento dos negócios. Também, se supõe que o aprimoramento da administração empresarial pode contribuir para melhorar o ambiente social como um todo, bem como, inclusive, trazer conhecimento para aperfeiçoar as práticas da gestão pública.

Afinal, administrar com um bom planejamento é como navegar com bússola e olhando para faróis. Em ambos os casos (administração e navegação) está se buscando um sentido, qual seja, tratando de ver e projetar resultantes, tirando bons proveitos das forças que estão em ação ao redor. É evidente que fenômenos que envolvem vida, e principalmente o homem, são mais complexos que aqueles de natureza física. Desse modo, é ainda maior a necessidade de bons instrumentos para guiar os passos do ser humano.

Nas empresas ventos adversos e percalços normalmente surgem, entretanto, em qualquer situação o **Mapee** permite analisar e estruturar organizações **muito além do planejamento estratégico.**

FUNCIONAMENTO DO MAPEE NA WEB

No site www.mapee.com.br navega-se na plataforma do **Método de Análise e Projeção Empresarial Estruturante**. Lá estão cento e cinco perguntas para que seja feito o diagnóstico das condições e potenciais das organizações. O acesso ao **Mapee** é obtido após o preenchimento de um simples cadastro.

Sobre as questões que compõem o **Mapee**, elas estão assim distribuídas:

– Dezesseis questões sobre *O QUE? (1W)* a empresa oferece ao mercado e qual a sua relação com esse mercado.

– Dez perguntas que dizem respeito a *ONDE? (2W)* a empresa se localiza.

– Seis questões sobre o *QUANDO? (3W)*, ou seja, a interferência do tempo na vida da empresa.

– Trinta e duas perguntas sobre *QUEM? (4W)* faz a empresa — sócios, dirigentes, funcionários — e sobre a forma de atuação das pessoas.

– Vinte e nove questões referentes a *COMO? (1H)*, processos de produção e métodos administrativos da organização.

– Doze perguntas sobre o *PORQUÊ? (5W)* da empresa — os resultados e metas previstas e alcançadas, a sustentabilidade e o retorno social.

As perguntas do **Mapee** estão indexadas e este fato é o que dá a "amarração" ao método, ou seja, torna ele um sistema com códigos e posições bem definidas. Com efeito, desse modo foi possível fixar as relações entre as questões. Registra-se que as perguntas foram cuidadosamente elaboradas e revisadas, mas isso não significa que os textos não possam ser eventualmente aperfeiçoados, para tornar ainda mais claro o conteúdo ou essência do que está sendo questionado. Além do mais, o presente Manual tem exatamente o objetivo de não deixar dúvida sobre o sentido de cada pergunta.

A codificação dos questionamentos permite as comunicações sobre os mesmos e, com isso, futuramente a criação de estatísticas envolvendo as perguntas e outras variáveis, quais sejam, sobre as diversas áreas/setores de atuação das empresas, tamanho, localização, tempo de operação etc.

Por sua vez, essas comunicações e estatísticas tem potencial para transmitir conhecimentos. Desse modo mais informações, devidamente sistematizadas, podem melhorar as empresas, o ambiente de negócios, bem como sedimentar e refinar análises com o emprego do **Mapee**.

É possível que, posteriormente, perguntas possam vir a ser desdobradas, partindo das questões atualmente já postas, para captar novas perspectivas organizacionais, que no futuro se destaquem como importantes. Isso será elaborado atendendo comentários e discussões que forem feitas sobre o **Mapee**, bem como consultando o grupo de fundadores do método. Antecipa-se que essa ação será realizada utilizando o alfabeto latino, a partir da letra "A" em caixa alta, posta após a respectiva pergunta (por exemplo, poderá vir a existir uma sub-questão 1W1A)[9].

Reitera-se que no **Mapee** está junto dos blocos de perguntas, agrupadas segundo o 5W2H, outra importante ferramenta, no caso para classificar as respostas: é o método GUT (Gravidade, Urgência e Tendência), o qual analisa detidamente as coisas que estão ocorrendo em nosso entorno, qual seja, o que está nos atingindo ou interessando. Ademais, foi feita uma adaptação do GUT, pois este último evidencia com maior nota os pontos mais problemáticos. Já no **Mapee** as notas mais altas são dadas para os pontos nos quais as empresas se percebam como bem posicionadas – por isso, para diferenciar, foi criada a denominação GUF: Gravidade, Urgência e Futuro. Entretanto, como no método original, o **Mapee** preservou a multiplicação dos pontos alcançados. Então, decidiu-se tirar a média geométrica, $\overline{M} = \sqrt[3]{G \times U \times T}$, dos escores.

Entende-se o GUT como aprimorando a percepção e marcação da *gravidade (ou importância)* e *urgência* das coisas, semelhante a como usualmente se faz para priorizar eventos nas agendas. Todavia, no GUT existe mais um dado aprofundando a análise, que é a *tendência*. Com essa outra perspectiva procura-se levar ao pensamento mais elaborado sobre as respostas, da seguinte forma: *se nada agora for feito sobre esse ponto, o que acontecerá?* O retorno simplesmente poderá dizer que tudo vai continuar como já está (marcação com nota 5) ou, por outro lado, que a questão levantada, em pouco tempo, vai se transformar num problema (marcação com nota 1).

Observa-se que as cento e cinco perguntas do **Mapee**, separadas conforme o 5W2H, e as suas respostas, sempre refletidas com base na técnica inspirada no GUT, terminam oferecendo cento e vinte e cinco (125 = 5 x 5 x 5) possibilidades de respostas para cada questão. É uma perspectiva bastante ampla, tornando o **Método de Análise e Projeção Empresarial Estruturante** uma ferramenta abrangente e, desse modo, se destacando para a realização de diagnósticos organizacionais.

Quando se observa o total de possibilidades de respostas do **Mapee**, verifica-se que parece um número que beiraria o infinito, pois tem como resultado o número cento e cinco, que é o quantitativo de perguntas do método, elevado à potência cento e vinte cinco, acima demonstrada. Entretanto, é melhor imaginar algo mais modesto do que trinta e quatro bilhões de alternativas. Assim, pode-se pensar apenas nas marcações de gravidade e urgência, ou seja, duas possiblidades, elevadas a trinta e cinco. Coloca-se aqui trinta e cinco, pensando que apenas um terço do total de questões sejam completamente independentes – marcar uma pergunta de determinada forma não tem ligação com a marcação de nenhuma outra. Já sobre considerar binariamente apenas a gravidade e a urgência, está se supondo que a mente de uma pessoa faça opções bem mais simples do que as alternativas abrangentes do GUT. Enfim, é uma tentativa de simplificação, para se chegar a um número mais factível de alternativas.

De qualquer modo, ressalta-se que a importância do **Mapee** está muito mais na sua abordagem qualitativa e na capacidade de provocar o pensamento autorreflexivo, para ser compartilhado. Essa forma de pensar é uma característica *humana, demasiado humana*, que ainda não se sabe sobre a possibilidade da mesma ser transferida para a inteligência artificial dos robôs, após o homem ter abandonado, em prol da religiosidade, o prazer de pensar profundamente sobre si e sobre suas organizações[10].

Estarão sempre sendo desenvolvidas e aperfeiçoadas funcionalidades na plataforma do **Mapee**. Duas estão mais próximas, são de grande utilidade e o acesso e operação dessas ferramentas será realizado mediante pagamento para utilizá-las.

Uma é a análise de **Resultados** da empresa a partir da aplicação do **Mapee**, com solicitação feita *online* no site. Essa análise considera a matriz de causalidade do método, a qual verifica o efeito observado de cada pergunta sobre as outras e vice-versa. Com base nessa matriz o módulo de **Resultados** oferece relatórios de análises abrangentes e particulares para cada organização, com indicações para a montagem da matriz SWOT, estruturação do Balanced Scorecard (BSC), modelo Canvas e a abordagem sistémica dos pontos fortes e fracos.

Outra funcionalidade será um sistema para auxiliar na elaboração e no acompanhamento do plano de ação específico da empresa, considerando as questões que apareceram como as mais críticas, conforme a pontuação média verificada por cada questão. Esse sistema também permite acompanhar o desenvolvimento da organização, servindo de apoio às reuniões de monitoramento do **Mapee**.

O método, com o seu questionário e a possibilidade de obtenção de **Resultados**, está disponível no site para quem desejar utilizá-lo. Aqui registra-se a importância da apreciação dos relatórios de **Resultados** por um consultor certificado, oferecendo a perspectiva de uma análise partindo de fora da empresa.

Ressaltamos que é interessante fazer a marcação das respostas no questionário do **Mapee** em conjunto, pelos dirigentes e líderes no topo da hierarquia, porque isso na organização se transforma num momento rico para reflexões e troca de informações. Ademais, o consultor do **Mapee** pode acompanhar e monitorar essa sessão de respostas.

O **Mapee** tem marca e direito de propriedade registrados, ou seja, o ativo intangível está legalmente protegido. Poderão ser interpelados judicialmente quem fizer uso indevido do método. Evidentemente os consultores devem obter a certificação para aplicar de modo adequado o **Mapee** e para transmitir corretamente as conclusões do módulo de **Resultados**.

O MAPEE PASSO A PASSO

1. Procure o endereço www.mapee.com.br
2. Passeie no site, acesse o **Mapee**, preencha o seu e-mail e senha
3. À esquerda na tela veja a marca do **Mapee** e escolha entre responder e obter um Relatório ou preencha o Questionário completo para ter acesso a várias análises da empresa.
4. Clique no botão (+) para abrir o primeiro (ou novo) questionário ou abra o que já está preenchendo
5. No caso de novo questionário na parte superior dê um nome ao mesmo.
6. Observe que o questionário tem o seguinte modo de perguntar, inspirado no GUT:
    - *Gravidade: Sobre esta questão, como é percebida a situação da sua empresa?*
      1) Extremamente grave. 2) É grave. 3) Média gravidade. 4) Pouco grave. 5) Sem gravidade.
    - *Urgência: Qual a necessidade de agir neste ponto no caso da sua empresa?*
      1) Extremamente urgente. 2) Com urgência. 3) Média urgência. 4) Pouco urgente. 5) Sem urgência.
    - *Futuro: Qual a tendência desse aspecto sobre a empresa, sem uma ação intervindo nele?* 1) Já está piorando. 2) Piorar em pouco tempo. 3) Piorar a médio prazo. 4) Piorar num longo prazo. 5) Ficar bem.
7. Após marcar as opções em Gravidade, Urgência e Futuro, no final da pergunta clique em **Concluir**, **Pular** ou **Não se aplica**.
8. Observe que à direita na tela aparece um conjunto de retângulos com as referências das perguntas. As **respondidas** ficam com (√) e as que não se aplicam com (x).
9. Não esqueça que no total são cento e cinco questões, distribuídas no formato 5W1H.
10. Após concluir o questionário clique no "Mapa de Ação", à esquerda na tela.
11. Nesse Mapa é mostrado os escores que foram marcados em cada questão.

12. Para selecionar, por escore, a ordem das perguntas clique nas setas ⇑⇓ apontando para a Gravidade, Urgência, Futuro e na nota geral (obtida por média geométrica entre 1 e 5).
13. Analisando as médias selecionam-se as questões que devem ser levadas para o Plano de Ação e monitoradas. O ideal é que isso seja feito após a análise dos diagnósticos no módulo de **Resultado**.
14. No final do Mapa de Ação está o acesso para obter os relatórios do módulo de **Resultados** da empresa.
15. Também no final do Mapa de Ação há um botão para impressão. Clicando nele será salvo um arquivo (download) em PDF com as notas de todas as questões.
16. No site do **Mapee**, na janela "Dados para Aplicação", está disponível uma planilha para que seja elaborado um "Plano de Ação", onde estão incluídas todas as questões do método.
17. Na janela "Dados para Aplicação" também se encontra referências com indicadores para fazer a comparação dos dados das empresas com as publicações da Revista Exame Melhores-Maiores, e do Valor1000, do Jornal Valor Econômico.

Se desejar assessoria para aplicar o **Mapee** ou consultoria para atuar nas dificuldades percebidas na empresa, procure na plataforma um **consultor certificado**.

AS PERGUNTAS E SEUS SENTIDOS

WHAT? – Questões sobre O QUE a empresa oferece ao mercado e qual a sua relação com esse mercado.

Neste bloco deve-se perceber que os produtos e serviços existem, evidentemente, porque há mercado. Esse ambiente de compradores e vendedores compõe um fenômeno intrinsecamente dinâmico, ou seja, vão sempre sendo criadas e recriadas novas ofertas e demandas, sendo muito difícil dizer o que vem primeiro: um empreendedor oferendo seu produto ou um consumidor que despertou para demandar algo. Seja como for, as empresas precisam estar sempre em estado de alerta.

O mercado, como o espaço onde as coisas com valor econômico são ofertadas e demandadas, é uma criação do ser humano observada em várias culturas, com registros históricos milenares. Na própria Bíblia há vários relatos de trocas mercantis inclusive envolvendo moeda, pontuando principalmente situações de preços elevados, bem como é famosa a passagem de Cristo expulsando os vendilhões do templo, onde estavam fazendo comércio. A diferença que surgiu, começando há cerca de quinhentos anos, é o mercado se tornar a construção social mais importante da nossa sociedade. É um fenômeno extremamente dinâmico, vivo e que não se sabe ao certo como evolui. Atualmente, apenas se constata que boa parte das necessidades e desejos humanos são atendidos pelo mercado e essa criação tem sempre se expandido, à medida que as nossas necessidades e desejos não são mais saciados através de meros frutos da natureza, com outras palavras, a medida que fomos nos afastando da economia de subsistência.

É fato que existem as trocas amorosas entre os seres humanos, realizadas de forma graciosa. Nem tudo o que tem valor é abarcado pela lei da oferta e demanda, ou seja, é claro que existem valores sem preço, resultado da fraternidade. Entretanto, quando surge a escassez e as nossas necessidades e desejos não podem ser atendidas de graça, as trocas começam a ser econômicas, aparecendo o mercado. É quando a natureza não consegue entregar o que demandamos, em paralelo os homens vão criando dependência entre si e surge a necessidade de trabalhar ou receber doações, enfim, ter coisas para poder trocar por outras. Desse modo, o mercado aparece quando alguém quer comprar algo e outro se mobiliza para vender – existe não apenas valor, também há referenciais de preço.

No mercado, aspectos como a forma de anunciar o que um vende e outro demanda, o modo de embalar e entregar, a forma de pagamento etc., são fatos conexos importantes (algumas vezes alegorias), criadas entre as partes, tudo voltado para atender o essencial: uma necessidade ou desejo humano. É importante notar que a tendência é eliminar os fatores que interferem no mercado, logo nos preços, sem de fato agregar valor, ou seja, cortar o que passar a ser visto como passos ou eventos desnecessários. Como o mercado é um ambiente criado pelo ser da lógica a tendência é suprimir o que estiver erguendo barreiras e interferindo no preço, enfim, "sobrando" entre o comprador e o vendedor. O essencial é verificar se o ato dual da compra-venda está saciando um desejo ou necessidade – aquilo que aparecer entre essa dualidade como excesso, tende a desaparecer.

Noutra perspectiva, no capitalismo atual, da tecnologia da informação e comunicação (TIC), observa-se uma tendência à diversificação e especificação, particularizando os produtos e serviços. Esta tendência, aliada a facilidade dos meios de transporte (logística de entrega), está promovendo uma verdadeira revolução nos mercados. Isto exige atenção redobrada de consumidores e vendedores.

1W1(*Quadro síntese de produtos*) – **Existe um quadro sintético discriminando os produtos/serviços ofertados, com estimativas de quantidade e meta periódica de vendas (mensal, trimestral ou sazonal)? (Observação: adiante há uma pergunta sobre o alcance das metas de vendas)**

Embora seja importante recurso para previsão e controle, algumas empresas não dão a devida atenção ao seu Quadro (ou Planilha) de Receita.

Ele basicamente deve conter:

ITEM	DISCRIMINAÇÃO DOS PRODUTOS	UNIDADE DE VENDA	PREÇO POR UNIDADE	QUANTIDADE PROJETADA	RECEITA PROJETADA	RECEITA REALIZADA	QUANTIDADE REALIZADA
1	Produto A						
1.1	Tipo A1						
1.2	Tipo A2						
1.3	Tipo A...						
2	Produto B						
2.1	Tipo B1						
2.2	Tipo B2						
2.3	Tipo B...						
3	Produto C						
3.1	Tipo C1						
3.2	Tipo C2						
3.3	Tipo C...						
	TOTAL						

Evidentemente cada tipo de negócio tem suas peculiaridades na montagem desta planilha. Supondo uma fábrica que produz só um tipo de mercadoria, por exemplo *Cadeiras* de um único modelo, o preenchimento do quadro é simples – apenas necessita-se de uma linha. De forma semelhante ocorre numa usina que fabrica apenas um tipo de *açúcar*.

Entretanto, caso se apresente um negócio de venda à varejo, comercializando centenas ou até milhares de itens, a montagem da planilha de receita requer mais atenção. Em situações como essa o melhor é trabalhar com um quadro resumo e quadros de detalhamento. Nota-se que no quadro resumo não faz sentido preencher as colunas de Unidade de venda, Preço por unidade e Quantidade mensal – apenas se coloca as receitas por segmentos e os valores totais. No caso de um mercadinho, por exemplo, o quadro resumo teria os totais previstos de faturamento com alimentos, bebidas, material de limpeza, higiene pessoal, frios etc. Todavia, cada um desses segmentos deve ser subdividido em quadros de detalhamento, até que se consiga um conjunto que possibilite uniformizar as Unidades de venda e os Preços Médios por Unidade. Em muitos casos num mesmo segmento, como *bebidas*, é importante chegar em *refrigerantes*, nesse item por tipo de embalagens e fabricantes. Ainda bem que contemporaneamente se dispõe dos ERP e, para quem está começando, o *Excel* pode ajudar bastante.

Visualizando a coluna **Unidade de Venda**, a diversidade de termos que podem preencher suas células é enorme. Apenas a título de ilustração apresentam-se algumas possibilidades: metro, quilograma, metro quadrado, litro, peça, conjunto, atendimento, exame, hora-máquina, homem-hora, caixa com X unidades, projeto, ingressos, tíquete, passagens, downloads, acessos etc. O que importa é escolher a melhor opção, analisando o tipo de serviço ou produto. De qualquer modo, pensar na unidade mais adequada para cada negócio é relevante, pois isso na sequência permitirá a estimativa de quantidades e preços unitários, mesmo que sejam preços médios. Do contrário, a projeção ficará prejudicada, haja vista que apenas vai aparecer o valor total do faturamento estimado.

Na montagem do *Quadro de Receita* do seu negócio pode ajudar uma verificação em códigos padronizados de produtos, como a NCM (Nomenclatura Comum de Mercadorias) que está disponível no site da Receita Federal, pois é empregada nas classificações do IPI (Imposto sobre Produtos Industrializados) e no Comércio Aduaneiro. É uma codificação que parte de classificações gerais e ao final chega a oito dígitos, sempre com possiblidade de incluir novos itens. As notas fiscais de produtos em geral contêm os códigos da NCM ou NBM/SH (Nomenclatura Brasileira de Mercadorias / Sistema Harmônico).

Vendo o *Quadro de Receita* também se deve notar que o **Total de Receita Realizada** é o valor que aparecerá no balancete mensal da empresa. Além disso, no final do ano é o faturamento total da Demonstração de Resultados, compondo o Balanço Anual. Então, ressalta-se a importância de ir prevendo os faturamentos mensais e acompanhando os desvios das previsões ao longo dos meses, para não ter uma surpresa, positiva ou negativa, apenas no encerramento do exercício. Ora, se a surpresa é positiva pode-se imaginar que fazendo o seu acompanhamento haverá a possibilidade de ir maximizando um número que já é bom. E no caso de resultados negativos, existe a oportunidade de procurar corrigir os problemas, ao longo do tempo.

> ➢ Variável nos relatórios de resultados do Mapee = (*1W01 - Quadro sintéticos de produtos/serviços com metas periódicas de vendas*).

1W2 (*Preços ajustados e compatíveis*) – **Os preços dos produtos/serviços ofertados levam em conta tanto os custos da empresa como os valores que o mercado está praticando?**

Na Planilha de Receita mostrada acima, um ponto chave é o preço de venda das mercadorias. Evidentemente esse preço deve levar em conta não apenas o custo direto de aquisição ou de produção da mercadoria, bem como a adição das despesas indiretas de administração, os custos fixos e de vendas, além dos impostos e, sobre todos esses valores, o lucro projetado em cada mercadoria.

Aqui pensa-se em **markup**, com o cuidado de, não só, calcular percentuais de acréscimo sobre os gastos totais das mercadorias quando ficarem prontas para serem comercializadas. Mas, calibrar os preços de venda estabelecidos pela empresa mapeada à realidade do mercado.

Assim a questão **1W2** procura perceber se a organização está atenta a todos os custos e despesas inerentes à colocação das mercadorias para venda, bem como se está atenta a sua margem, obtida por meio do preço que o mercado normal e efetivamente está praticando.

Apenas a título de ilustração, veja-se o mercado de combustíveis para automóveis. Dentro de uma cidade e ao longo de uma estrada os preços normalmente variam. Por sua vez os custos podem ser muito parecidos (o maior gasto, com os próprios combustíveis, é padronizado para distâncias equivalentes). O que nos mostra essa possibilidade de diferença?

> ➢ Variável nos relatórios de resultados do Mapee = (*1W02 - Acompanhamento dos preços dos produtos/serviços em relação aos custos e aos valores praticados no mercado*).

1W3 (*Metas por segmento*) – **É realizada análise periódica (mensal, trimestral etc.) do alcance das metas de vendas, considerando os produtos/serviços ofertados, a segmentação de mercados e os grupos de clientes? São tomadas decisões com base nas análises?**

A questão anterior nos leva a pensar sobre essa pergunta **1W3**, haja vista que a meta de vendas deve estar alinhada com os preços projetados. Também o Quadro de Receita da questão **1W1** sugere uma comparação entre **Receita Projetada e Receita Realizada**, ou seja, sobre o **"alcance das metas de vendas"**. No que se refere ao trecho **"considerando os produtos/serviços ofertados"** também tratamos na abordagem da primeira questão, quando expusemos modos de tipificações de produtos.

Resta refletir sobre a **"segmentação de mercados e os grupos de clientes"**. É pensar sobre o posicionamento no mercado ou, se for o caso, nos mercados, considerando que existem tipos diversos de consumidores. Assim, torna-se importante considerar a segmentação das mercadorias e atendimentos para os tipos/classes de clientes, com a intenção de procurar suprir interesses de mais de um tipo de consumidor. Nesse contexto, a intenção da pergunta é promover uma análise sobre eventuais direcionamentos postos nos produtos ou serviços, em relação a percepção dos clientes sobre esses direcionamentos. E, dependendo das respostas, podem ser feitos pequenos incrementos de qualidade, apresentação, embalagem etc., auferindo uma margem relativamente maior que o gasto realizado na diferenciação das mercadorias. Mas, os objetivos com essa política estão sendo atendidos e trazendo retorno? Seria melhor concentrar o foco num determinado tipo de consumidor?

> ➢ Variável nos relatórios de resultados do Mapee = (*1W03 - Análise do alcance das metas de vendas, por produtos/serviços, segmentação de mercados e grupos de clientes*).

1W4 (*Conhecimento da concorrência*) **– São realizadas análises dos concorrentes e da parcela de participação da empresa em relação aos concorrentes nesse mercado? São encaminhados posicionamentos sobre as análises?**

Para estar bem posicionada e ter melhor possiblidade de ser escolhida pelos consumidores interessados nos seus produtos ou serviços, uma empresa mapeada deve conhecer e avaliar os concorrentes. De fato, só com informações sobre os outros negócios, que comercializam o mesmo que ela, a empresa mapeada terá condições de saber por que os consumidores escolhem o que é posto à venda pela empresa A, empresa B ou empresa C.

Estamos vivendo um ambiente social onde, cada vez mais, o conhecimento é a "alma do negócio" – é o que faz a diferença. Todavia, essas informações do mercado precisam ser empregadas gerando retorno, ou seja, utilizadas com sabedoria para reduzir os pontos fracos internos e as ameaças externas, bem como tirar proveito dos pontos fortes e das oportunidades.

As análises de mercado podem ser feitas de forma indireta, pesquisando informações disponibilizadas nas diversas mídias e arquivos de conhecimento público, ou diretamente, procurando de modo dirigido fazer pesquisa por meio de entrevistas. Evidentemente não se deve invadir a privacidade ou estar à cata de dados sigilosos de ninguém. Ou seja, aqui se trata da elaboração de pesquisas que observem os limites éticos.

> ➢ Variável nos relatórios de resultados do Mapee = (*1W04 - Análises dos concorrentes e da fatia de mercado da empresa*).

1W5 (*Energia Comercial X faturamento*) – **É avaliada periodicamente a energia comercial (força e estrutura de vendas, utilização de ferramentas de marketing, emprego do potencial da internet, capacidade de distribuição) que a empresa utiliza na disputa pelos clientes em relação ao faturamento que está sendo alcançado?**

A pergunta se refere especificamente à área **comercial**, que geralmente é segmentada em **marketing** e o setor de **vendas** propriamente dito. Adicionalmente, a **1W5** agrega a logística de entrega, que está aqui está como atividade complementar essencial para a área comercial, pois de nada adianta promover vendas, realizá-la e não conseguir entregar o que foi vendido, ou, não entregar bem.

Por outro lado, no mundo que se tornou uma aldeia global, há que se pensar nos canais de venda e distribuição disponíveis na **web**. Com efeito, dependendo dos produtos e serviços, nota-se contemporaneamente uma diminuição das vendas em lojas físicas e um grande incremento na comercialização pela **Internet**.

Verificando a **1W5** observa-se que o texto levanta uma relação entre o gasto na área comercial da empresa mapeada e o **faturamento que está sendo alcançado** por ela. Desse modo apresenta-se a necessidade de pesquisa envolvendo os gastos de empresas congêneres. Uma maneira de fazer essa comparação é analisando as demonstrações de resultados das grandes empresas, principalmente sociedades anônimas que por lei dão publicidade aos seus balanços. Como se trata de observar uma relação, não importa a magnitude dos valores absolutos de vendas e das despesas com vendas das empresas de maior porte. De outra forma, também é possível levantar notícias na mídia especializada, evidentemente fazendo uma leitura crítica, pois os concorrentes talvez trabalhem com "jogo de cena".

De qualquer forma a própria empresa mapeada pode, com cautela, testar a relação entre os incrementos de gastos com a sua área de vendas e quanto isso está repercutindo, proporcionalmente, no aumento da receita.

> ➢ Variável nos relatórios de resultados do Mapee = (*1W05 - Energia comercial na disputa pelos clientes em relação ao faturamento que está sendo alcançado*).

1W6 (*Demanda para ampliação das vendas*) **– Há espaço para a empresa ampliar a sua oferta de produtos/serviços, inclusive por meio digital, considerando o potencial da demanda, e qual o interesse/importância quanto a ocupação desse espaço?**

Este questionamento deve ser respondido com atenção redobrada, considerando inclusive que pode haver **espaço para a empresa ampliar a sua oferta de produtos/serviços**, entretanto os seus dirigentes podem preferir, por uma ou mais razões, não ampliar a atual capacidade de oferta. E, novamente, há que se pensar na disrupção promovida pela Internet, que está mudando a relação entre oferta e demanda em vários segmentos de mercado.

Pode-se pensar num restaurante, num colégio, numa clínica etc., com um tamanho atual que satisfaça seus proprietários, os quais, assim, não pensariam em expansão. Entretanto, se há demanda potencial no local e ela não está sendo atendida, provavelmente outro estabelecimento vai se instalar ou ampliar-se na área. Desse modo, conviver com mais ou maiores concorrentes é a opção dos proprietários. Essa escolha, a princípio, pode não ser prejudicial para o negócio, desde que eles optem por oferecer uma qualidade melhor ou qualquer outro diferencial competitivo, que dificilmente seja copiado pela concorrência.

Outra situação que se pode observar na **1W6** é da não existência de **espaço para a empresa ampliar a sua oferta de produtos/serviços**. Nesse caso talvez seja possível diversificar ou buscar mais demanda em outro local. Também, simplesmente permanecer vigilante para que os atuais clientes não abandonem a empresa, mesmo que venha um concorrente para disputar a baixa procura momentaneamente existente.

De outra forma, pode-se pensar nas ferramentas de vendas e de entrega disponibilizadas pela Internet.

> ➤ Variável nos relatórios de resultados do Mapee = (*1W06 - Capacidade de ampliação da oferta de produtos/serviços para atender o potencial da demanda*).

1W7 (*Necessidade e sentimento dos consumidores*) – **Considerando os produtos/serviços oferecidos pela empresa ao mercado, são avaliadas se as necessidades, desejos ou impulsos/vontades dos consumidores estão sendo atendidas?**

Inicialmente, a apresentação dos conceitos: **1. Necessidade** é algo que não se pode deixar de consumir, sendo o alimento o exemplo mais básico. De forma semelhante são roupas, calçados, mobiliário e, mesmo, lazer. Essas necessidades são ascendentes, no sentido de saciadas as básicas e tangíveis, o ser humano ascende para as necessidades emocionais e intangíveis. Enfim, são bens ou serviços que são vistos como atendendo as necessidades humanas da pirâmide de Maslow[11]; **2. Impulso/vontade** é aquilo que se consome sem existir necessidade aparente, ou seja, apenas foi adquirido porque o cliente teve sensibilizado um dos seus sentidos (visão, audição, paladar, olfato e tato); **3. Desejo** é uma compra ou consumo realizado de forma refletida, com outras palavras, conscientemente pensada pelo cliente, seja de forma planejada ou porque o desejo já lhe acompanhava na mente, mesmo no inconsciente.

A empresa mapeada deve estrategicamente saber como os seus produtos/serviços se enquadram dentre um ou mais desses conceitos. É evidente que é mais fácil trabalhar com coisas que são adquiridas conscientemente e que ao mesmo tempo satisfazem necessidades. É nessa dimensão que se desenvolvem as marcas famosas, atendendo melhor os seus consumidores.

Porém, diversos negócios são bem-sucedidos trabalhando na perspectiva do impulso. O importante para uma empresa mapeada é saber onde ela está situada, para poder operar estrategicamente e, ademais, com um comportamento ético. Qual seja, efetuar uma venda que, mesmo sendo por impulso, termina satisfazendo o cliente.

> ➢ Variável nos relatórios de resultados do Mapee = (*1W07 - Análise do atendimento das necessidades, desejos ou impulsos/vontades dos consumidores pelos produtos/serviços*).

1W8 (*Diferenciação de produtos*) – **Sobre os produtos/serviços oferecidos pela empresa ao mercado, verifica-se a existência de diferenciais competitivos nas ofertas da empresa?**

A questão **1W8** conjuga-se com a anterior. Vai na linha do dirigente conhecer bem o negócio e os seus produtos/serviços. Tem o objetivo adicional de posicionar estrategicamente a empresa mapeada. Sabe-se que mesmo vendendo bens (tangíveis ou intangíveis) ofertados por várias outras organizações, é possível diferenciar-se oferecendo um bom serviço e, com isso, criar laços, fidelizando o cliente. É um algo a mais, um toque de atenção, enfim, qualquer coisa que marque a empresa mapeada na mente ou no "bolso" do cliente, sempre com boa qualidade ou compromisso com a oferta/proposta da empresa. E, o consumidor precisa ser cientificado sobre o nível daquilo que está adquirindo, para posteriormente não se sentir lesado.

> Variável nos relatórios de resultados do Mapee = (*1W08 - Diferenciais competitivos dos produtos/serviços da empresa em relação ao mercado*).

1W9 (*Entrada de substitutos*) **– A empresa avalia periodicamente a entrada de possíveis produtos/serviços substitutos/alternativos no mercado (inclusive substitutos digitais)? Há como antecipar a possíveis mudanças estruturais no mercado (alterações significativas na oferta ou na demanda) e colher benefícios das repercussões sobre o seu?**

Vivemos no mundo econômico capitalista, que trouxe a humanidade para a cultura do consumo, um *modus operandi* social extremamente dinâmico, que está sempre inovando e se recriando. Por essa razão os produtos e serviços estão sendo constantemente modificados. Dessa forma os dirigentes das empresas devem ficar alerta, haja vista que existe o perene risco de invenção de novos meios de atendimento, novos modos de fabricação e de prestação de serviços, eventualmente com potencial de tornar obsoleto o que no presente está funcionando bem. Por essa razão, sempre se deve exercitar respostas para a pergunta **1W9**. Como exercício, que se pense, dando um passo para atrás, qual seja: como foram atendidos no passado os consumidores do seu produto ou serviço? Quantas pessoas estavam envolvidas no atendimento e de que modo a produção era realizada? Houve mudanças? E, mais recentemente, como a Internet interferiu no negócio? É possível prever mudanças tecnológicas ou de métodos nos seus produtos/serviços?

Um estudioso do capitalismo, Schumpeter[12], percebeu no início do século passado que essa formação cultural da sociedade (que embora se modificando já está instituída no mundo ocidental há aproximadamente quinhentos anos, desde o capitalismo mercantil) tem como característica a destruição criadora. Ou seja, o capitalismo progride porque sempre destrói as tecnologias que estão em uso, constantemente criando novas formas de produção, novos produtos, mercados e modos de colocar as mercadorias/serviços nos mercados.

Realmente a inovação é uma constante no capitalismo e, na atualidade, o processo de destruição criativa ficou ainda mais poderoso e rápido. A título de exemplo perceba-se como o *Uber* atingiu os taxis tradicionais;

como o *AirBnb* está reformulando a indústria hoteleira; como a *Amazon* está abalando a venda tradicional no varejo; como o *delivery* vem modificando o hábito de ir para bares e restaurantes; como a impressão em *3D* muda os processos de fabricação; como partes de exames e cirurgias hoje são realizadas por robôs, até a distância etc.

Em vista do exposto a empresa mapeada deve analisar **periodicamente a entrada de possíveis produtos/serviços substitutos/alternativos no mercado**. Ademais, o capitalismo é praticamente a única realidade econômica que está atualmente posta no mundo. Então, é necessário saber trabalhar com a economia de mercado, mesmo porque, a outra possibilidade que, anos atrás foi proposta, a economia estatal planificada, se mostrou inviável. Por outro lado, seja a *economia da educação, informação e do entretenimento*, seja o que for que o futuro está reservando para a humanidade, saber disso só pertence às forças infinitas e eternas – a nós só resta trabalhar, agindo ou reagindo.

> ➢ Variável nos relatórios de resultados do Mapee = (*1W09 - Análise abrangente sobre a entrada de possíveis produtos/serviços substitutos/alternativos no mercado*).

1W10 (*Conhecimento da economia*) **– É conhecida a situação atual e a expectativa do mercado — estagnado, crescente, decrescente — diante do quadro político-econômico no médio e longo prazo? Existe um planejamento para lidar com as repercussões dessa situação e de outros possíveis cenários sobre a empresa?**

Para planejar se faz necessário ver a situação econômica atual e pensar sobre ela. Analisando o ambiente no presente é possível ver que nem todas as atividades caminham da mesma forma, pois, variando o momento, umas são mais atingidas do que outras pelas inovações ou pela entrada no mercado de concorrentes fortes ou diferenciados. Também interfere bastante o encaminhamento das políticas econômicas do governo e, como o mundo globalizou-se, pesam as medidas econômicas tomadas pelos governantes das grandes nações e pelos blocos de países. Algumas medidas, principalmente as protecionistas, tem peso nas decisões locais. Deve-se observar que talvez não atinja a empresa diretamente, mas pode dificultar ou beneficiar fornecedores e clientes. É evidente a importância de estar atento, para reduzir o risco de ser pego por surpresas.

Então, cabe a pergunta sobre o impacto que a situação econômica como um todo tem no que se refere a sua empresa, em particular. O que pode ser feito para se antecipar a eventuais dificuldades no futuro? Adicionalmente, a questão **1W10** deve ser exercitada também no curto e no médio prazo.

> ➢ Variável nos relatórios de resultados do Mapee = (*1W10 - Conhecimento da a situação e expectativa sobre o mercado diante do quadro econômico como um todo*).

1W11 (*Atualização e expansão do mix*) – **Periodicamente é avaliada a possibilidade de lançamento de novos produtos/serviços (até em outros mercados ou por meios/estratégias digitais)? Também é avaliada a possiblidade de exclusão de atuais produtos/serviços ofertados no catálogo?**

Em sintonia com as perguntas anteriores, que procuram levantar informações e conhecimentos sobre o mercado da empresa de forma ampla, a questão **1W11** traz o foco diretamente para a presença da empresa mapeada nesse mercado. Com efeito, diante da dinâmica do capitalismo, sempre há necessidade de pensar sobre novos produtos/serviços e novos locais/espaços (agora também no mundo da Internet). E, o pensamento deve envolver não só lançamentos – também exclusões daquilo que não está dando o retorno esperado. Há que se notar a correlação entre esta questão e a **1W8** e **1W9**.

> ➢ Variável nos relatórios de resultados do Mapee = (*1W11 - Análise de lançamento/exclusão de produtos/serviços ofertados*).

1W12(*Reajuste dos preços/custos*) – **Os preços da empresa estão sendo elevados acima, no mesmo nível ou abaixo dos custos? Quais as repercussões de eventuais defasagens?**

A sustentabilidade ou sobrevivência econômica da empresa está compreendida nesta pergunta. Se o dirigente estiver desatento, talvez não perceba que, no médio ou longo prazo, ter preços reajustados abaixo dos custos levará a falência do negócio. De outro modo, preços reajustados acima dos custos, num período difícil de prever (mas que pode ter se aproximado), atrairá ou criará concorrentes, principalmente num mundo onde a informação circula quase sem barreiras.

> ➢ Variável nos relatórios de resultados do Mapee = (*1W12 - Acompanhamento dos preços em relação ao nível dos custos*).

1W13 (*Eficácia da publicidade*) – **Avalia-se a divulgação/publicidade dos produtos ou serviços, fazendo comparação com o nível de vendas, para saber se está conforme o programado no planejamento de divulgação/publicidade?**

Esta questão está em linha com a **1W4** e **1W5**. Neste caso, no que se refere particularmente a publicidade, é possível medir o impacto de forma mais direta, pois as próprias agências também têm interesse no retorno da informação, para poder avaliar o impacto da sua prestação de serviços.

Ressalta-se que a palavra **divulgação** é fundamental neste contexto, como coadjuvante de **publicidade**. De fato, um negócio pode estar muito bem montado, ter pessoas, equipamentos e insumos de primeira qualidade envolvidos na atividade, entretanto, se a informação sobre a sua existência e características não chega aos clientes potenciais, nada se fez. Como disse o pernambucano Chacrinha: *quem não se comunica se trumbica*.

Há uma expressão popular que ressoa: *a melhor publicidade é a boca a boca*. Com a Internet as bocas se multiplicaram e, talvez, os ouvidos não tenham condições de escutar tanta coisa de uma só vez – torna-se barulho. De outro modo, a **divulgação/publicidade** tem sempre que ser feita, porém, naturalmente de forma pensada e planejada.

Antes, na grande mídia, se anunciava para todos. Agora, na Internet e redes sociais, a publicidade pode ser focada. Será que a sociedade de consumo em massa tende a extinção? A relação demanda/oferta está caminhando para *P2P* (ponto a ponto)?

Por outro lado, reitera-se que o mundo se tornou uma aldeia global e existem produtos naturalmente escaláveis. Ora, a produção em escala minimiza os custos fixos e dessa forma baixa os preços. Fica imbatível uma organização que consegue aliar qualidade a preços baixos e, nesse caso de produtos vendidos em larga escala, ofertando um bem que interessa a todos. Por isso se acredita que a mídia tradicional continuará com seu espaço, principalmente presente em eventos e modos de exposição concentradores da atenção da população como um todo, a exemplo de competições esportivas e shows artísticos.

Adiante, dentre as perguntas do bloco **WHO**, tem uma questão (**4W12**) sobre a **assessoria de comunicação**. É um aspecto que a presença da empresa depende mais da sua cultura, ou seja, é decisão da diretoria. De todo modo, a cada dia as agências de publicidade e as assessorias de comunicação se entrelaçam, em razão das mudanças verificadas a partir da emergência das mídias disponibilizadas na *web*, basicamente nos celulares e nos notebooks, dispositivos que atualmente são os mais próximos das pessoas (filosoficamente tem se separado o sujeito do objeto – será que o perigo é o objeto anular a subjetividade?).

Interessante pensar num produto como cerveja. Existe o consumo em massa e o mercado de nicho, com produtos mais caro e elaborados de forma diferenciada. Pode-se pensar em quantidade e qualidade. Será que os canais de divulgação devem ser os mesmos?

OBS: São mais felizes os produtores e consumidores de cervejas populares ou de exclusivas? Será que existe alguma correlação? Será que, para ambos, é oportuno lembrar a velha mensagem grega, que estava cravada no Templo de Delphos: *nada em demasia*.

> Variável nos relatórios de resultados do Mapee = (*1W13 - Alcance das metas planejadas para a divulgação/publicidade dos produtos ou serviços*).

1W14 (*Marca valorizada*) – Avalia-se a percepção dos consumidores sobre as marcas, observando se elas agregam valor e trazem bons resultados?

Vivemos contemporaneamente a era da comunicação, informação e da intangibilidade. É um contexto onde alguma coisa pode nem existir realmente, mesmo assim pode ser criada na(s) cabeça(s) e passar como se realidade fosse. Estamos, por exemplo, também na era das *fake news* ou mentiras bem elaboradas, que se confundem com os verdadeiros fatos.

O texto acima, entretanto, tem apenas o objetivo de alertar os dirigentes de empresas mapeadas para a característica fundamental do mundo contemporâneo, qual seja, é um tempo dominado pelas marcas e grifes – é o reino dos valores intangíveis e virtuais. Com isso, os produtos/serviços estão inapelavelmente presos as marcas e produtores – essa relação só não importa para quem pensa em ter vida curta no mercado.

Também, aqui procura-se alertar para a atenção que se deve dar ao valor de uma marca – quando uma charmosa *logo*, por exemplo, se torna referência, muito provavelmente será copiada ou falsificada.

Seja como for, uma empresa deve cuidar da sua marca ou marcas. São elas que comunicam aos consumidores o padrão de qualidade ou prestígio do produto ou serviço que está sendo oferecido. Então é importante posicionar a marca, no sentido de trazer o retorno que dela se espera, sem esquecer de sempre avaliar se algum retoque se faz necessário.

> Variável nos relatórios de resultados do Mapee = (*1W14 - Análise da percepção dos consumidores sobre as marcas (agregam valor e trazem bons resultados)*).

1W15 (*Gerenciamento das marcas*) **– A respeito das marcas, se cuida delas adequadamente, são licenciadas e é realizado o devido acompanhamento legal?**

A pergunta **1W15** tem ligação direta com a anterior, apenas agora estamos num nível operacional administrativo, mas fundamental, pois o descuido pode implicar perda de direitos. Indaga-se sobre o registro das marcas da empresa mapeada, qual seja, sobre o acompanhamento junto ao INPI. É importante considerar que existem prazos a serem observados, eventos que precisam ser agendados, para usufruir plenamente do direito sobre as marcas. Por outro lado, no caso de plágios e falsificações, **cuidar** implica ter um bom advogado acompanhando o processo.

> ➢ Variável nos relatórios de resultados do Mapee = (*1W15 - Gerenciamento das marcas (licenças, desempenho)*).

1W16 (*Satisfação dos clientes*) **–O grau de satisfação dos clientes é avaliado periodicamente para que seja possível identificar oportunidades de melhoria da empresa e de seus produtos/serviços?**

Esta questão está correlacionada à **1W4**.

Claro: todas as organizações empresariais existem porque disponibilizam algum produto ou serviço que atendem o seu público alvo.

Visando a sustentabilidade, é fundamental ouvir os consumidores, procurando levantar informações sobre a situação da empresa mapeada no mercado. Porém não se trata de uma escuta passiva, é importante transformar os dados obtidos em melhorias dos bens comercializados, sob pena de perder o valor mais importante no mundo atual: informação.

> ➢ Variável nos relatórios de resultados do Mapee = (*1W16 - Satisfação dos clientes e oportunidades de melhoria da empresa e de seus produtos*).

WHERE? – Perguntas que dizem respeito a ONDE a empresa se localiza.

Espaço e tempo são duas variáveis diretamente relacionadas e onipresentes na vida humana. Cientificamente, na física, Einstein esclareceu essa questão com a sua Teoria da Relatividade. Mas, continua na mente o tema que faz, há séculos, os filósofos refletir, pensando no espaço infinito e no tempo eterno, se relacionando com a realidade do aqui e agora. Então, o ser humano vive se equilibrando entre o limite do momento no seu entorno e a amplitude do mundo.

Para as pessoas jurídicas, com a globalização e a evolução das comunicações e dos meios de transportes, a dupla *onde* e *quando* também a cada dia vai se tornando um fenômeno ainda mais relativo, haja vista que na atualidade, rapidamente, os produtos e serviços viajam atrás dos clientes, onde eles estiverem. Enfim, o mundo se tornou uma aldeia global e a economia de mercado naturalmente tende a derrubar ou ultrapassar fronteiras.

Todavia, de qualquer modo, é importante refletir quanto a interferência da localização sobre as empresas, haja vista que tempo e lugar sempre remetem a dinheiro, o que pode resultar em ganho ou perda de riqueza, em prazos variáveis. Com efeito, embora os produtos e os prestadores de serviços tenham cada vez mais facilidade para se movimentar no espaço, uma base bem situada facilita o deslocamento, assim como, nos casos de consumidores que se encaminhem para realizar a compra, a localização adequada pode ser um diferencial competitivo.

Principalmente, há que se perceber que é importante o consumidor ter sua necessidade no prazo que for mais conveniente para ele. Isso tem potencial de fidelizar o cliente e, por outro lado, faz a ligação do tempo com o espaço, pois para atender no melhor prazo é conveniente estar bem localizado. Registra-se que um dos maiores motivos de expansão dos negócios é, justamente, a necessidade de atender a clientela no tempo e espaço mais adequados.

2W1 (*Expansão geográfica*) – **Como é vista a expansão geográfica para outros locais ou pontos de venda (inclusive expansão por meio digital)?**

Antes de responder esta questão é interessante passar uma vista nas anteriores **1W6** e **1W11**.

A empresa mapeada pode estar satisfeita com o seu atual tamanho e posição, sem pensar em expandir a oferta de produtos ou serviços para outros locais. Porém, outros operadores no mercado talvez não pensem da mesma forma. Por essa razão o capitalismo é dinâmico e viver nesse regime requer atenção – um descuido pode custar a vida. A bem da verdade, a natureza é mesmo assim – uns se alimentam dos outros (entretanto, os animais classificados pelos seres humanos como irracionais não "comem" mais do que precisam para bem viver e, ademais, geralmente não capturam seres da mesma espécie).

Seja como for, caso noutro local se constate demanda reprimida pelos produtos/serviços da empresa e, também, que é viável economicamente a instalação nesse outro local, é importante considerar a possibilidade de expansão – haja vista que o mercado não fica parado. Ou seja, provavelmente um concorrente vai nascer ou se expandir, se a empresa em foco não se movimentar antes. Talvez uma saída seja fazer alianças e acordos estratégicos, ou, franquear a marca, com as devidas seleções e capacitações de operadores. Outra vez há que lembrar-se da Internet, que possibilita em várias situações a venda à distância, desde que a empresa esteja bem integrada aos novos tempos, com comunicações e transportes adequados.

> ➢ Variável nos relatórios de resultados do Mapee = (*2W01 - Abertura para a expansão geográfica para outros locais ou pontos de venda*).

2W2 (*Localização para os clientes*) – **Analisando as vantagens/desvantagens da localização para os clientes (segurança, vizinhança, conforto etc.), conclui-se que a localização é inferior à média da concorrência, está no mesmo nível ou é superior?**

OBS: As perguntas **2W2** a **2W9** tem o mesmo formato: questionam, sobre um ponto específico, **as vantagens/desvantagens da localização** da empresa mapeada em relação ao endereço das concorrentes, evidentemente procurando considerar uma média.

No caso da **2W2** pergunta-se, com foco no cliente, se a segurança, vizinhança, conforto etc., da empresa mapeada estão em nível equivalente ao das outras empresas. Ora, é evidente que os consumidores, tendo um leque de estabelecimentos para onde se dirigir e comprar o que necessita ou deseja, vai levar em consideração, na sua escolha, a comodidade e tranquilidade oferecida pelo lojista ou fornecedor do serviço. Então, estar bem posicionado é estratégico para atrair a demanda.

> ➢ Variável nos relatórios de resultados do Mapee = (*2W02 - Vantagens da localização para os clientes em relação à média da concorrência (segurança, vizinhança, conforto)*).

2W3 (*Localização para os fornecedores*) – **Analisando as vantagens/desvantagens da localização quanto à disponibilidade de fornecedores e a recepção de mercadorias, conclui-se que a localização é inferior à média da concorrência, está no mesmo é superior?**

OBS: As perguntas **2W2** a **2W9** tem o mesmo formato: questionam, sobre um ponto específico, **as vantagens/desvantagens da localização** da empresa mapeada em relação ao endereço das concorrentes, evidentemente procurando considerar uma média.

A questão **2W3** foca se a empresa mapeada tem facilidade para adquirir e receber as matérias primas ou mercadorias que necessita na sua operação, isso considerando os concorrentes, posto que uma má localização pode implicar custos de aquisição e logísticos mais elevados.

> ➢ Variável nos relatórios de resultados do Mapee = (*2W03 - Vantagens da localização quanto à disponibilidade de fornecedores e à recepção de mercadorias*).

2W4 *(Localização para a entrega)* – **Analisando as vantagens/desvantagens da localização quanto à logística de entrega das vendas, conclui-se que a localização é inferior à média da concorrência, está no mesmo nível ou tem vantagens?**

OBS: As perguntas **2W2** a **2W9** tem o mesmo formato: questionam, sobre um ponto específico, **as vantagens/desvantagens da localização** da empresa mapeada em relação ao endereço das concorrentes, evidentemente procurando considerar uma média.

No caso da **2W4** pergunta-se basicamente sobre um item de custo. É se o gasto com a **logística de entrega das vendas** está num nível equivalente ao das empresas que concorrem no mesmo mercado.

> ➢ Variável nos relatórios de resultados do Mapee = (*2W04 - Vantagens da localização quanto à logística de entrega das vendas em relação à média da concorrência*).

2W5 *(Infraestrutura da localização)* – **Analisando as vantagens/desvantagens da localização quanto à infraestrutura do local (meios e vias de acesso, energia, telecomunicações, água, saneamento), conclui-se que a localização é inferior à média da concorrência, está no mesmo nível ou tem vantagens?**

OBS: As perguntas **2W2** a **2W9** tem o mesmo formato: questionam, sobre um ponto específico, **as vantagens/desvantagens da localização** da empresa mapeada em relação ao endereço das concorrentes, evidentemente procurando considerar uma média.

A questão **2W5** faz pensar em lojas, fábricas, centros comerciais e outros tipos de estabelecimentos nos quais aspectos como **meios e vias de acesso, energia, telecomunicações, água e saneamento** tem reflexo na estrutura de custos, ou seja, a empresa mapeada termina gastando mais na sua operação porque não está numa boa localização.

> ➢ Variável nos relatórios de resultados do Mapee = (*2W05 - Vantagens da localização quanto à infraestrutura do local*

em relação à média da concorrência - meios e vias de acesso, energia, telecomunicações, água, saneamento).

2W6 (*Localização e mão de obra*) **– Analisando as vantagens/desvantagens da localização quanto à oferta e mobilidade da mão de obra, conclui-se que a localização é inferior à média da concorrência, está no mesmo nível ou é superior?**

OBS: As perguntas **2W2** a **2W9** tem o mesmo formato: questionam, sobre um ponto específico, **as vantagens/desvantagens da localização** da empresa mapeada em relação ao endereço das concorrentes, evidentemente procurando considerar uma média.

Nesta questão não se deve ter em mente apenas o **reflexo nos custos**. Há que pensar nas pessoas muito mais do que como mera **mão de obra**. Afinal recursos humanos, gente, é que faz a diferença. É importante considerar aspectos como capacitação, produtividade, média salarial e custo de vida.

No capitalismo industrial, quando não há operários no entorno, as empresas podem, até mesmo, construir vilas para abrigar os trabalhadores, caso outros aspectos locacionais se sobreponham, como o acesso à matéria-prima. Já no capitalismo da Internet se fala em **ecossistemas**, ou seja, ambientes que possibilitam a adequada operação do negócio, onde a interação e confluência de interesses é a variável por excelência – o grande exemplo é o Vale do Silício, na Califórnia.

Entretanto, essa realidade da **web** está mudando o mundo e fazendo muitas coisas ficarem relativas, haja vista que em várias situações é possível se trabalhar à distância. Enfim, sobre a relação entre a mão de obra e as empresas, é importante pensar caso a caso.

> ➤ Variável nos relatórios de resultados do Mapee = (*2W06 - Vantagens da localização quanto à oferta e mobilidade da mão de obra em relação à média da concorrência*).

2W7 *(Gasto com a localização)* – **Analisando as vantagens/desvantagens da localização quanto ao valor pago ou amortizado pelas instalações, conclui-se que a localização é inferior à média da concorrência, está no mesmo nível ou é superior?**

OBS: As perguntas **2W2** a **2W9** tem o mesmo formato: questionam, sobre um ponto específico, **as vantagens/desvantagens da localização** da empresa mapeada em relação ao endereço das concorrentes, evidentemente procurando considerar uma média.

O custo com a instalação predial é um ponto que nenhuma empresa pode fugir, a não ser que tenha recebido sem ônus o local onde está estabelecida (algumas cidades cedem espaço para atrair negócios). Entretanto, a maior parte das empresas paga aluguel do imóvel ou opera em instalação própria. Neste último caso o valor que foi gasto na construção deve ser amortizado por um período, ou seja, se agregar ao custo de fabricação ou de prestação do serviço, de forma semelhante ao que se faz com o custo de locação.

> ➢ Variável nos relatórios de resultados do Mapee = (*2W07 - Valor pago ou amortizado pelas instalações em relação à média da concorrência*).

2W8 *(Localização e impostos)* – **Analisando as vantagens/desvantagens da localização quanto às alíquotas/benefícios dos principais impostos, conclui-se que a localização é inferior à média da concorrência, está no mesmo nível ou é superior?**

OBS: As perguntas **2W2** a **2W9** tem o mesmo formato: questionam, sobre um ponto específico, **as vantagens/desvantagens da localização** da empresa mapeada em relação ao endereço das concorrentes, evidentemente procurando considerar uma média.

Os dirigentes empresariais bem sabem que os impostos representam um dos maiores componentes dos custos dos produtos e serviços. Por essa razão as empresas se movem, buscando incentivos fiscais. Com efeito, em algumas regiões, e até dentro de um mesmo município ou estado, pode se obter alíquotas de tributos reduzidas pelos governos, com o intuito de atrair negócios. É importante fazer ponderações e calcular se os incentivos fiscais merecem ser considerados, para então tomar uma decisão sobre eventualmente relocalizar o negócio.

> ➢ Variável nos relatórios de resultados do Mapee = (*2W08 - Vantagens da localização quanto às alíquotas/benefícios dos principais impostos em relação à média da concorrência*).

2W9 (*Localização e licenças*) – **Analisando as vantagens/desvantagens da localização quanto à obtenção e manutenção das licenças locacionais legais (prefeitura, meio ambiente, bombeiros, órgão de controle específico), conclui-se que a localização é inferior à média da concorrência, está no mesmo nível ou é superior?**

OBS: As perguntas **2W2** a **2W9** tem o mesmo formato: questionam, sobre um ponto específico, **as vantagens/desvantagens da localização** da empresa mapeada em relação ao endereço das concorrentes, evidentemente procurando considerar uma média.

Nesta pergunta vem à lembrança fábricas, bem como lojas, escritórios e demais espaços onde se presta serviço diretamente aos clientes. Todos esses estabelecimentos precisam ser licenciados pelas prefeituras municipais e outras instâncias públicas (o corpo de bombeiros normalmente está subordinado aos governos estaduais). Ora, as cidades têm o seu plano diretor e em alguns locais é mais fácil obter licenciamento do que em outros. Há que se falar também em controles específicos, como os da ANVISA, que são rígidos no que se refere às regras de habilitação para o exercício de atividades sob o seu controle.

Com especial destaque há que se verificar a questão do licenciamento ambiental, haja vista que não se trata meramente do aspecto legal, porém acima disso, a responsabilidade que as empresas devem ter com a natureza. Dessa forma, o impacto e a interferência da atividade produtiva sobre o meio ambiente, onde se localiza, é uma variável que necessita ser sempre cuidada. E, da mesma forma, é imprescindível estar atento para o que o produto ou serviço, inclusive sua embalagem, não vá prejudicar a natureza ou ter reflexos ambientais negativos em outro local.

> Variável nos relatórios de resultados do Mapee = (*2W09 - Vantagens da localização quanto à obtenção e manutenção das licenças locacionais legais em relação à média da concorrência - prefeitura, meio ambiente, bombeiros, órgão de controle específico*).

2W10 (*Localização e vizinhança***) – A vizinhança da empresa e o ambiente da localidade são aspectos favoráveis para o funcionamento do negócio?**

Uma má vizinhança, fato muitas vezes desconhecido quando da implantação do estabelecimento num determinado local (ou fato relevado), pode terminar causando transtornos para as empresas, afastando clientes. Ao contrário, um ambiente aprazível atrai consumidores.

> Variável nos relatórios de resultados do Mapee = (*2W10 - Qualidade da vizinhança, do ambiente e da localidade para o funcionamento do negócio*).

WHEN? – Questões sobre o QUANDO interferindo na vida da empresa.

O tempo é imparcial na sua interferência sobre todos os seres vivos. Com isso o ciclo de vida obedece uma ordem linear: concepção, nascimento, infância, juventude, maturidade, velhice e morte. As criações humanas, de outra forma, não são assim. Operando bem e fazendo uma manutenção adequada, se pode usar as construções feitas pelos homens por um tempo indefinido. Como exemplo, veja-se a igreja de Notre-Dame, em París, que cumpre por gerações e gerações suas funções (religiosa e o acolhimento de peregrinos e turistas), há séculos. Também não se deve esquecer os hieróglifos espalhados em diversos locais da Terra, comunicando coisas que na maioria das vezes desconhecemos ou, apenas, supomos. Enfim, as criações do *Homo Sapiens*, no que se refere ao tempo de vida, se assemelham mais aos fenômenos do reino mineral, do que dos reinos vegetal e animal.

Pensando nas civilizações, na construção social da realidade, ou seja, nas criações culturais e nos laços sociais, observa-se que também são de duração incerta. Neste sentido, quem poderá prever por quanto tempo existirão as religiões atualmente presentes na Terra? Virão outras?

Refletindo sobre a contemporaneidade, não se pode esquecer que atualmente se vive na economia ou cultura capitalista, cujo *modus operandi* implica construir para, a seguir, destruir. É a ideia da inovação e do modismo, tudo passando rápido. Não combina com a economia de mercado o conceito de fazer manutenção por um longo período. Não é normal nesse sistema operar e conservar uma criação por muito tempo. A tendência é descartar e apenas tratar os resíduos para que eles incomodem o mínimo possível.

Sobre o tempo e as empresas, um fato interessante é que nesses organismos não se verificam etapas bem definidas entre o nascimento e a morte, ao contrário do que acontece com o seu criador, o ser humano. De fato, não há nas organizações uma relação entre a idade cronológica e fases como infância, juventude, maturidade e velhice. Talvez, apenas a infância seja caracterizada mais facilmente, porém, se uma empresa segue um curso "natural" e chega à "velhice", não é possível afirmar que a morte está próxima, pois as organizações têm a possibilidade de se renovar.

Um exemplo é o *Restaurante Leite*, na cidade do Recife, atualmente o mais antigo do Brasil e que foi fundado em 1882. Entretanto, em 2019 ainda se mantém jovem, com quase cento e cinquenta anos. Por outro lado, não é possível saber se ele chegará a viver como seu congênere de Madri, o simpático *Sobrino de Botín*, o mais antigo do mundo, inaugurado em 1725.

Parece que a ação do tempo nas organizações se aproxima mais da imprevisibilidade, da sucessão de eventos casuais, uns corriqueiros e outros disruptivos. Sendo assim, nas empresas o determinante maior da vitalidade ou "morte" são fatos aleatórios ou condicionantes acidentais. Seja como for, é fundamental para uma boa sobrevivência planejar-se e se precaver de acontecimentos previsíveis e de acidentes. Não custa lembrar que, dependendo das condições, as empresas podem ressuscitar e começar vida nova (uma ideia sonhada pelos seres humanos e que os tecnólogos da área de saúde ainda prometem conseguir).

3W1 (*Experiência executiva*) – Os atuais sócios possuem experiência empresarial exitosa e/ou contam com executivos experientes?

A experiência dos dirigentes das empresas é um ponto positivo, ou seja, a existência de pessoas com carreiras consolidadas e bem-sucedidas indicam maior possibilidade de sucesso do negócio. É verdade que existem empresários jovens e com postura madura. Contemporaneamente inclusive, principalmente nos negócios da área de tecnologia, empresários com pouca experiência, mas com muita visão, foco no negócio e espírito empreendedor, tem sido uma constante. De qualquer forma se possível, na montagem de um time de dirigentes, é interessante contar com uma mescla de faixas etárias. Com efeito, não é por outro motivo que tem se consolidado no meio empresarial a atividade de *coaching*.

> ➢ Variável nos relatórios de resultados do Mapee = (*3W01 - Experiência empresarial exitosa dos executivos*).

3W2 (*Sucessão societária/gestão*) – **Com relação à sucessão e continuidade empresarial, constata-se que os mais jovens estão ascendendo na hierarquia e/ou há abertura para novos sócios e diretores?**

Todos os dirigentes empresariais precisam ter consciência que a cronologia de uma empresa é diferente do tempo de vida médio de uma pessoa. Enquanto o tempo de vida médio dos seres humanos passa obrigatoriamente por infância, juventude, maturidade e velhice, e em termos de anos de vida vem sempre aumentando, no que se refere às organizações empresariais não é possível se afirmar a mesma coisa, pois depende muito do tipo de negócio, da sua origem e da cultura dos dirigentes.

De qualquer modo os diretores deveriam se ver apenas como uma peça numa engrenagem social ampla, que atinge e envolve outros atores, principalmente os clientes, todos os demais trabalhadores e os diversos tipos de fornecedores, os quais se relacionam de alguma forma com as empresas e, em níveis variados, desenvolvem uma dependência. Nesse sentido, é importante pensar na **sucessão**, que possibilita a **continuidade empresarial**, fatos que devem ser vistos como dois lados de uma mesma moeda, bem como uma necessidade para a manutenção da vida da empresa. Por isso é importante constatar **que os mais jovens estão ascendendo na hierarquia e/ou há abertura para novos sócios e diretores.**

> ➢ Variável nos relatórios de resultados do Mapee = (*3W02 - Ascenção dos mais jovens na hierarquia e abertura para novos sócios e diretores*).

3W3 (*Pontualidade das entregas*) – **Estão sendo cumpridos os prazos das entregas dos produtos/serviços no mercado?**

Essa questão especifica um aspecto levantado na pergunta **1W5**. A relevância desse ponto sobre logística explica-se pelo descrédito que causa o descumprimento dos prazos combinados. Vivemos num mundo interdependente e estar atento para a data de entrega é realmente importante – não apenas por razões éticas. É também porque em vários casos foi criada uma expectativa, que alguém pagou ou está disposto a pagar por ela, bem como porque pode existir a repercussão do atraso no restante da cadeia produtiva. O mundo empresarial é como um organismo vivo – os corpos naturais têm ciclos e necessidades, por exemplo fisiológicas, que precisam ser atendidas no tempo certo.

> ➢ Variável nos relatórios de resultados do Mapee = (*3W03 - Cumprimento dos prazos de entrega dos produtos/serviços da empresa ao mercado*).

3W4 (*Moda dos produtos/serviços*) – **O ciclo de vida dos principais produtos/serviços sofre interferência da moda? A empresa leva em consideração o modismo e sabe lidar com esse aspecto?**

A presente pergunta relaciona-se com a **1W9**. Não custa lembrar que vivemos na economia de mercado e na era do consumismo. Estamos longe da recomendação do Templo de *Delphos*: *nada em demasia*. Esta frase estava junto de outra máxima, bem mais conhecida: *conhece-te a ti mesmo*. Ora, como estamos longe, em termos de tempo e ideias, dos filósofos da Grécia antiga, pelo contrário, vivemos sem pensar por conta própria e, na maior parte do tempo, respondendo aos impulsos enviados pelos canais publicitários, é fundamental, para sobreviver no século XXI, que as empresas se ajustem aos modismos. As organizações que, no mundo contemporâneo, não saibam levar em conta a questão da moda estão fadadas ao fracasso, principalmente se os concorrentes estão considerando o modismo nos produtos ou serviços que ofertam.

> ➢ Variável nos relatórios de resultados do Mapee = (*3W04 - Interferência da moda sobre o ciclo de vida dos principais produtos/serviços*).

3W5 (*Mudança tecnológica*) – **A empresa considera que mudanças e evoluções tecnológicas afetam os seus produtos/serviços e sabe lidar bem com esse aspecto?**

A pergunta **3W5** também se relaciona com a **1W9**. Então, precisa ser relembrado o economista *Joseph Schumpeter* [1883-1950] e o seu conceito de **destruição criadora**, como motor da cultura capitalista. Nesse caso é uma imposição do sistema e a empresa mapeada tem que se adequar às **evoluções tecnológicas**, sob pena de, se assim não fizer, caminhar para a decadência e falência. Ressalta-se que o conceito de evolução tecnológica aqui tem sentido amplo, ou seja, não apenas se refere à questão do produto/serviço e processo de produção, mas métodos de trabalho, operação de vendas, presença no mercado e sistemas de informação.

Como na economia de mercado a concorrência é livre, as empresas que disputam os clientes procuram se diferenciar e apresentar novidades para os consumidores. Vai ficando para trás quem não segue os passos daquelas empresas que inovaram e tiveram sucesso com a inovação. Tem a melhor opção: inovar de forma criativa, ou seja, partindo na frente de modo próprio ou particular. Seja como for há que se planejar, avaliando custos, benefícios e riscos.

> ➢ Variável nos relatórios de resultados do Mapee = (*3W05 - Impacto das mudanças ou evoluções tecnológicas sobre os produtos/serviços*).

3W6 (*Vantagens por tempo no local*) – **À medida que o tempo passa é avaliada se a localização do estabelecimento continua vantajosa? O endereço atual vai ficando melhor ou pior ao longo dos anos?**

Os espaços físicos das empresas normalmente vão se alterando com o passar do tempo. O local onde começou talvez tenha ficado pequeno e não mais seja possível lá se expandir (pode ocorrer também mudança tecnológica e a situação se inverter). É fundamental nessas situações a visão estratégica, planejando sobre o que fazer, por que e como. Subdividir ou concentrar as atividades num mesmo local – sempre é uma pergunta a ser feita. Em relação a linha do tempo as posturas podem ser pró ativas ou reativas. É importante para a empresa não postergar decisões.

O que o seu principal concorrente está fazendo quanto à localização? e aquele concorrente que vem despontando? O raio espacial de atuação dos clientes tradicionais e dos potenciais ainda é relevante ou se identifica outros espaços territoriais com maior potencial de expansão de mercado? Como as inovações tecnológicas interferem na localização?

> ➢ Variável nos relatórios de resultados do Mapee = (*3W06 - Adequação operacional da localização em função do tempo passado no atual endereço*).

WHO? – Perguntas sobre QUEM faz a empresa — sócios, dirigentes, funcionários — e sobre a forma de atuação das pessoas.

De forma semelhante à relação que anteriormente foi apontada entre tempo e espaço, *Who* e *How* também estão imbricados.

São as pessoas que constroem os métodos, as técnicas e os processos, os quais, depois de criados passam a ter vida própria. Entretanto, como são realidades construídas pelos humanos e para os próprios humanos, esses seres têm a possibilidade de ajustar-se ou alterar as realidades que eles construíram. Tudo vai depender da rigidez das construções e da vontade ou força de quem estiver seguindo os métodos, as técnicas ou os processos (principalmente do potencial de ação do pensamento inteligente e auto reflexivo).

Em razão dessa correlação entre as pessoas (*Who*) e os métodos (*How*), algumas das questões seguintes do bloco **4W** poderiam estar, indiferentemente, no bloco **1H**. Aqui, como critério, foi colocado no conjunto das perguntas do *Who* aquilo que se julgou mais atingido e mutável pelo lado do desejo das pessoas, bem como as próprias questões referentes aos recursos humanos ou à gestão de pessoas. De outro modo, as perguntas que foram compreendidas como tendendo à institucionalização ou a terem uma conformação mais rígida nas respostas, alocou-se no bloco do *How*.

4W1 (*Relacionamento entre dirigentes*) **– Observando o relacionamento, tanto entre sócios como entre dirigentes e, uns com os outros (administração interna de conflitos), constata-se que o ambiente na alta direção é positivo para a obtenção de bons resultados para a empresa?**

A alta gestão é a "cabeça" da empresa. Funciona como as nossas mentes individuais: sempre pensando em algo, agindo e reagindo. O núcleo gestor, aqueles que decidem, estão do mesmo modo pensando, agindo e reagindo. Entretanto, no caso do núcleo de comando a situação é mais complexa, considerando o ditado popular: *cada cabeça é um mundo*. Logo, no topo das empresas estão vários mundos e, por essa razão, os conflitos geralmente existem e devem ser encarados como algo natural (dentro de limites que não perturbem o funcionamento do corpo organizacional).

Nesse contexto, é fundamental que a organização tenha uma linha estratégica definida e persiga esse caminho, sob pena de sentir falta de orientação e de definições.

Não custa lembrar que pessoalmente temos conflitos no âmago da nossa mente. Disse Blaise Pascal: *o coração tem razões que a própria razão desconhece*. Assim como os indivíduos muitas vezes precisam de conselhos e apoios (por isso se deve recorrer a um bom psicólogo, sempre que emocionalmente necessitado), o núcleo de gestão da empresa deve recorrer a um bom consultor organizacional, para assessorar no planejamento estratégico e sempre que surgir conflitos de interesse.

> ➢ Variável nos relatórios de resultados do Mapee = (*4W01 - Eficácia da administração interna de conflitos*).

4W2 (*Governança corporativa***) – Observando os processos que regulam a gestão no nível estratégico, constata-se que há norma de governança organizacional/corporativa estabelecida e respeitada, compatível com o porte e estrutura administrativa da empresa?**

A questão **4W2** surge para facilitar a resposta à interrogação apresentada na última pergunta (administração de conflitos). Nesse sentido é importante que as empresas tenham regras escritas, claras, conhecidas por todos os dirigentes. O que pode ser visto como direto e evidente por uma pessoa, pode não ser enxergado do mesmo modo por outra. Existem pontos de vista e perspectivas diferentes sobre um mesmo fato. Assim, a melhor forma de evitar problemas é antecipar-se a eles, prevendo-os na medida do possível.

A Governança Corporativa existe para isso e deveria permear o dia a dia da alta gestão. As normas escritas previamente estabelecem como se deve proceder diante de determinada questão – pois várias foram previamente discutidas e pactuadas pelas partes; antes do calor do momento, onde posturas racionais é frequentemente difícil. Há que se convir que um mero contrato social, arquivado nas juntas de comércio, tem mais a função jurídica de dirimir dúvidas, quando a situação requer decisão legal; por esse motivo é importante ir além dos contratos sociais e, na esfera decisória das empresas, construir pactos mais detalhados.

A Governança Corporativa tem a missão de se antecipar aos conflitos, justamente para que não haja necessidade de recorrer à via judicial. O conceito de governança surgiu nas empresas constituídas na forma de sociedade anônima, que tem as figuras dos sócios, do conselho de administração e da diretoria, mas é um conceito que está sendo aplicado aos demais tipos de empresas, que tenham os sócios apartados da operação do negócio. Nessas organizações de maior porte, com conselhos de administração eleitos pelos sócios, é o processo de governança que possibilita a transmissão e o acompanhamento dos planos estabelecidos pelos sócios para a diretoria. Por sua vez, os diretores vão fazer a empresa operar de acordo com as determinações recebidas do conselho de administração.

> Variável nos relatórios de resultados do Mapee = (*4W02 - Governança Corporativa estabelecida e respeitada, compatível com o porte e estrutura da empresa*).

4W3 (*Expertise dos dirigentes*) – **Analisando a expertise e o nível de instrução do quadro de dirigentes, observa-se que esse nível pode ser considerado um diferencial competitivo da empresa? (Observação: adiante há uma questão semelhante sobre o quadro gerencial).**

Note-se que nesta pergunta estão combinados dois aspectos: **a expertise e o nível de instrução**. A experiência é adquirida com o tempo, enquanto a instrução pode ser obtida a qualquer momento, ou melhor, sempre deve estar sendo acrescida (quem pode dizer que sabe o bastante? – apenas aqueles que não mais pretendem evoluir). Participar de congressos, feiras e simpósios; viajar e parar para pensar (assentar as ideias) – também são formas de aprender e amadurecer.

É fato que as cabeças pensantes das organizações definem o rumo delas, então, a competitividade das empresas depende da expertise e do nível de conhecimento dos seus dirigentes.

> Variável nos relatórios de resultados do Mapee = (*4W03 - Diferencial competitivo por expertise e o nível de instrução do quadro dirigente*).

4W4 (*Expertise dos gerentes*) – O quadro gerencial se apresenta como fator diferencial e competitivo da empresa, considerando o grau de instrução e a expertise dos seus gerentes?

Esta questão é semelhante a anterior, apenas aqui se trata do **quadro gerencial**. Por essa razão o próximo parágrafo está repetido.

Note-se que nesta pergunta estão combinados dois aspectos: **a expertise e o nível de instrução**. A experiência é adquirida com o tempo, enquanto a instrução pode ser obtida a qualquer momento, ou melhor, sempre deve estar sendo acrescida (quem pode dizer que sabe o bastante? – apenas aqueles que não mais pretendem evoluir). Participar de congressos, feiras e simpósios; viajar e parar para pensar (assentar as ideias) – também são formas de aprender e amadurecer.

O quadro gerencial encontra-se "espremido" entre os diretores e os funcionários operacionais. São os gerentes que passam para a equipe aquilo que foi definido pelos gestores do escalão superior (nesse caso, os supervisores são mais assemelhados aos gerentes). Para poder captar adequadamente e passar para a sua equipe as definições estratégicas, é importante que os gerentes tenham experiência e capacitação técnica, o que vai facilitar o entendimento e a transmissão de conhecimento para os funcionários.

> Variável nos relatórios de resultados do Mapee = (*4W04 - Gerentes como diferencial competitivo da empresa - grau de instrução e expertise*).

4W5 (*Equipe motivada por gestores*) - Os ocupantes dos cargos de liderança apresentam-se motivados, demonstram flexibilidade, respeito, capacidade de ouvir, de aceitar contribuições e estimulam o trabalho em equipe?

Nesta pergunta estão englobados dirigentes e gerentes, ou seja, é o conjunto dos líderes da empresa. Os comportamentos aqui destacados são fundamentais para conduzir ao alcance das metas estratégicas: motivação, flexibilidade, respeito capacidade ouvir e de aceitar contribuições. É interessante que o gestor exerça a autocrítica, procure conhecer a si mesmo, escute a voz do coração; pois só assim pode, com o necessário esforço, aprimorar suas atitudes comportamentais – o primeiro passo é querer.

Adicionalmente se supõe, com a expectativa que assim se configure na prática, que a energia motivadora e demais características positivas, dos diretores e gerentes, passe para os supervisores e, na sequência, vá descendo até a base.

> ➢ Variável nos relatórios de resultados do Mapee = (*4W05 - Mentoria e estímulo ao trabalho em equipe pelos gestores*).

4W6 (*Administração de conflitos*) - Os conflitos interpessoais no trabalho são tratados de forma transparente e imediata, estimulando o diálogo franco e respeitoso?

Embora a existência de conflitos interpessoais possa ser vista como "normal" (as pessoas são diferentes e nem sempre estão se "encaixando" bem), quando os desentendimentos passam de um nível aceitável (cada um tem sua medida) podem causar alterações mentais, normalmente com repercussões negativas na equipe. Com isso, tanto o rendimento na empresa cai, como as horas que se passa fora do ambiente trabalho podem ficar comprometidas. Afinal, a mente é uma só e não é fácil fazer separações – bloquear ou não tratar interferências no presente, talvez, no futuro cause dificuldades ainda maiores.

Logo, os gestores devem prestar atenção aos **conflitos interpessoais** e estimular o **diálogo franco e respeitoso**. É importante que as lideranças cultivem a humildade e estejam atentas para o ponto ou situação, a partir de onde, deve-se recorrer a psicólogos e dinâmicas de grupo.

Lembra-se que no mundo contemporâneo a maior parte da população adulta (os índices de desemprego na economia capitalista têm se situado abaixo dos 20%) dedica ao trabalho, aproximadamente, metade das horas do dia que está acordado (a locomoção também conta como horas voltadas para o trabalho). Desse modo as empresas tomam grande parte das vidas humanas, logo, elas devem contribuir para que todos seus empregados vivam em paz com os outros e consigo mesmo.

> ➢ Variável nos relatórios de resultados do Mapee = (*4W06 - Tratamento transparente, respeitoso e imediato dos conflitos interpessoais no trabalho*).

4W7 (*Análise de SWOT*) – **Se realizado o planejamento estratégico, no que se refere ao capítulo da matriz SWOT, são de fato analisados detidamente os pontos fortes e fracos, as oportunidades e ameaças? As sessões de *brainstorm* podem deixar fora do planejamento aspectos significativos?**

O planejamento estratégico, a partir da década de 1970, estabeleceu uma nova etapa na ciência da administração de empresas. É considerado o marco a partir do qual as organizações passaram a olhar também para fora do seu espaço, qual seja, para o ambiente externo, ao invés de julgar que tratando, apenas, internamente da operação e produção conseguiriam ter sucesso no mercado. Desse modo, foi o ponto a partir de onde a concorrência e os desejos dos consumidores começaram a ser realmente pesquisados.

Para fazer esse estudo foi desenvolvida a matriz *SWOT: Strengghs/Weaknesses – Opportunities /Threats*. Contemporaneamente a análise dos pontos fortes e fracos, bem como das oportunidades e ameaças, continua sendo muito usada no planejamento empresarial. Entretanto, pode acontecer que a matriz seja preenchida com fatos que foram lá colocados, talvez, apenas para ter ela completa com "muitas" informações, o que é comum em *brainstorm*. Nessa linha, acontecimentos marcantes e recentes podem ganhar vulto, enquanto, por outro lado, fatos percebidos na empresa como usuais ou comuns podem ser verdadeiros causadores de problemas, entretanto com chances de passar despercebidos, em razão do mero costume. Ressalta-se que o **Mapee** tem a vantagem de não deixar passar pontos importantes no planejamento das empresas.

> ➢ Variável nos relatórios de resultados do Mapee = (*4W07 - Análise dos pontos fortes e fracos, as oportunidades e ameaças*).

4W8 (*Missão e valores internalizados*) – **Continuando com o foco na estratégia, a Missão, Visão e Valores são internalizados para forjar cultura (Valor) empresarial? Ou resta apenas um cartaz?**

Outro ganho que a ciência da administração obteve com o planejamento estratégico foi fazer que o ato de olhar para o ambiente interno da empresa, ou seja, procurar conhecer a si mesma, tenha passado a ser um evento corriqueiro no ambiente organizacional. Com isso atualmente é comum, quando se visita um negócio fisicamente ou por meio de sites, se deparar com o quadro de "Missão, Visão e Valores".

Mas, pouco adianta conseguir confeccionar tal quadro, o que não é difícil juntando pessoas em sessões de *brainstorm*, e ele apenas passar a fazer parte da decoração, sem que as palavras sejam realmente internalizadas e tenha aderência à cultura da empresa.

> ➢ Variável nos relatórios de resultados do Mapee = (*4W08 - Internalização da missão, visão e valores da empresa*).

4W9 (*Monitoramento do Planejamento*) – **Existe monitoramento e avaliação do planejamento estratégico, para assegurar a implantação de cada estratégia e o cumprimento dos objetivos e das metas estabelecidas?**

Uma dificuldade que comumente se encontra, no que se refere ao planejamento estratégico, é quanto a implantação do plano. Muitas vezes as reuniões de grupos e discussões, animadas ou tensas, que resultam em bem elaborados e bonitos relatórios, não tem continuidade na vida cotidiana da empresa.

A forma indicada pelo **Mapee** para vencer esse obstáculo é implantando a rotina de reuniões periódicas, voltada para o monitoramento das ações definidas no planejamento estratégico. Pelo menos mensalmente deve ocorrer uma reunião de avaliação do resultado operacional obtido pelo negócio. E, conectada com a reunião sobre os resultados, é fundamental verificar o andamento das ações previstas no mapa de ação, discutindo tanto os avanços como possíveis mudanças de rota, tudo orientado pelo plano estratégico.

> ➢ Variável nos relatórios de resultados do Mapee = (*4W09 - Monitoramento e avaliação das estratégias, objetivos e metas do planejamento estratégico*).

4W10 (*Eficácia da Liderança*) - Os líderes demonstram ter domínio do seu trabalho e consciência do seu papel para a conquista dos objetivos organizacionais estratégicos?

Nesta pergunta estão combinados dois atributos que um líder deve ter (domínio do trabalho e consciência do seu papel), os quais, realmente, só trazem bons resultados se forem considerados em conjunto. Com efeito, para atingir suas metas as empresas precisam de gestores que "incorporem" o objetivo estratégico traçado. E, também, esse líder deve dominar profissionalmente o seu campo de atuação; caso contrário até saberá o rumo que deve seguir, mas não terá os meios para atingir o objetivo. Merece ser analisado se é mais indicado apoiar e capacitar profissionalmente um líder nato, ou motivar para exercer liderança uma pessoa já capacitada, ademais, considerando que é importante a sintonia com a estratégia e cultura da empresa.

> ➢ Variável nos relatórios de resultados do Mapee = (*4W10 - Liderança eficaz e consciente do seu papel na conquista dos objetivos organizacionais estratégicos*).

4W11 (*Política de comunicação*) – Existindo uma política interna de comunicação ela é conhecida por todos e mantém as pessoas bem informadas sobre a organização?

Embora a pergunta estabeleça uma possiblidade, no **Mapee** se considera que normalmente existe uma política interna de comunicação nas empresas. Talvez ela não seja explícita, mas nas entrelinhas sempre será subtendida a mensagem que permeia a organização, ou os funcionários criarão uma ideia própria. Logo, para reduzir ruídos e mal-entendidos é importante a empresa cuidar da linguagem e da comunicação. As pessoas necessitam de orientação e se não a tem, dada por quem de direito, a criam a partir das suas próprias percepções.

Atualmente os celulares e computadores podem atuar contra ou a favor da verdade. Tudo depende da forma de falar e publicar, bem como de um conteúdo que faça sentido. Também não se deve comunicar mais do que o necessário. Os boletins, jornais, revistas, blogs e outras mídias internas precisam ser alimentadas, direcionando para as metas estratégicas e fortalecendo a cultura da empresa. Os "antigos" *Quadro de Avisos*, agora em meios digitais, pode ser uma opção "enxuta" para o dia a dia. De qualquer modo, é importante que os colaboradores da organização tenham a orientação estratégica que os gestores estão apontando para o negócio.

> ➢ Variável nos relatórios de resultados do Mapee = (*4W11 - Política interna formal de comunicação conhecida por todos*).

4W12 (*Assessoria de comunicação*) – **Existindo uma assessoria de comunicação para o público externo, como avalia os resultados?**

Esta pergunta é correlacionada com a **1W13**. Ressalta-se que a partir da internet, com e-mails, sites e blogs, e depois com o advento das redes sociais, a comunicação das empresas com o público externo – divulgação dos produtos, serviços, ações e eventos em geral – ganhou outra dimensão. É nesse contexto que a assessoria de comunicação tem papel relevante, quando as empresas necessitam de mais visibilidade na *web*.

Logicamente, mais presença na internet vai requerer maior proximidade com um assessor (ou equipe) pesquisando conteúdos com potencial de virar notícia – e preparando esses conteúdos para divulgação. Neste ponto estamos no limite entre a assessoria de comunicação e as agências de publicidade. Os papéis desses dois prestadores de serviço passaram a se sobrepor, principalmente à medida que a mídia tradicional vem perdendo terreno, ou melhor, vem ganhando espaço a mídia nova, disponibilizada pela internet. A web é um canal de divulgação mais barato do que os antigos e tradicionais canais, entretanto, bem mais espalhado, rápido e ágil, logo, demandando mais conteúdo. Por essa razão (produção de conteúdo) a assessoria de comunicação deve ser vista com a devida atenção. Quanto à avaliação do trabalho da assessoria, existem medidas como número de acesso às notícias, repercussões e número de seguidores nas redes sociais – a questão é saber se esses números estão de fato gerando o que interessa: negócios.

> ➢ Variável nos relatórios de resultados do Mapee = (*4W12 - Eficácia da assessoria de comunicação*).

4W13 (*Cadastro positivo*) – A empresa e os sócios possuem cadastro positivo no mercado bancário e junto aos fornecedores?

Ter um bom cadastro, o que essencialmente é o mesmo que pagar os compromissos financeiros nas datas aprazadas, é importante para conseguir crédito para capital de giro com melhores taxas, bem como boas condições de financiamento de longo prazo. Também os fornecedores têm mais interesse em atender os clientes que cumprem pontualmente com suas obrigações. Ademais, em negociações com fornecedores, o histórico construído com as quitações passadas permite pleitear melhores condições de compra.

Enfim, procurar manter um cadastro positivo facilita o atingimento das metas estratégicas da empresa e não toma tempo dos gestores com a solução de problemas financeiros, que possivelmente nem existiriam, caso fosse realizado um bom planejamento e acompanhamento do fluxo de caixa.

> ➢ Variável nos relatórios de resultados do Mapee = (*4W13 - Cadastro positivo da empresa e dos sócios no mercado bancário e junto aos fornecedores*).

4W14 (*Certidões regularizadas*) – **A empresa dispõe de certidões atestando regularidade das situações fiscais e previdenciária (município, estado, União, judiciário e FGTS)?**

Para se manter regular as organizações têm que atender as exigências dos três níveis de poderes públicos, o que exige atenção e implica o recolhimento dos devidos impostos, contribuições e taxas, visando ter as certidões negativas, licenças e registros legais.

Por outro lado, geralmente observa-se nas empresas uma procura pelo pagamento de menos impostos, quando isso é possível à luz da lei, considerando o contexto do regime capitalista, com uma concorrência normalmente agressiva no mercado, o que leva à a busca de redução de custos.

Não cumprir com as suas obrigações perante o poder público acarreta multas, sansões, prejuízo e desvio de atenção dos gestores. Logo, é básico que as organizações disponham das certidões públicas de regularidade que sejam obrigatórias.

> ➢ Variável nos relatórios de resultados do Mapee = (*4W14 - Regularidade das certidões - fiscais e previdenciária*).

4W15 (*Distribuição organizada de RH*) – **Há um organograma com as áreas bem definidas, que permite observar a distribuição dos recursos humanos na estrutura da organização, auxiliando o planejamento e a operação da empresa?**

Contemporaneamente na Ciência das Organizações tem se observado algumas correntes teóricas minimizando a importância do organograma e da hierarquia para a administração das empresas. Isso é feito enquanto se enaltece as estruturas de gestão matricial e em rede, dentre outras, inclusive a liderança espontânea e por metas, em algumas situações. No **Mapee** o organograma é visto como uma ferramenta para modelar a estrutura organizacional das empresas, bem como evidenciar a quem as pessoas que nelas trabalham estão formalmente subordinadas.

Não se nega que estruturas informais de comando (personograma) empiricamente existam, em paralelo ou se cruzando. Considera-se em paralelo quando há conhecimento das duas ou mais chefias sobre a subordinação "dividida" do funcionário. E, cruzada quando o empregado fica "perdido" na subordinação, respondendo formalmente a uma pessoa e informalmente seguindo também outro comando, que não se comunicam adequadamente sobre a situação – é um caso "neurótico", mas existe.

Olhando ao redor, para a natureza e o cosmo, observa-se que existem padrões, movimentos constantes, cíclicos, cadeias de comando e subordinação, enfim, uma ordenação, seja nos seres vivos, no reino mineral ou no mundo estelar. Talvez a ciência nunca alcance e compreenda a complexidade da organização do cosmo, mesmo porque existem comportamentos que seguem "padrões" probabilísticos, alguns talvez "aleatórios" e "ainda" inexplicáveis pela razão do *homo sapiens*.

Quando se observa os animais irracionais, não há como negar que os padrões sociais funcionam bem entre eles e, ademais, que o meio ambiente é autossustentável – se não fosse o ser humano, a natureza teria mais harmonia e paz. De outro modo, pode-se constatar que a sociedade humana, até o momento, está em busca da melhor forma de organização social.

Acredita-se que organogramas claros contribuem com a organização da sociedade, entretanto, eles não devem ser rígidos, pelo contrário, é importante sempre ajustá-los às evidências da realidade e a impermanência da vida.

> ➢ Variável nos relatórios de resultados do Mapee = (*4W15 - Importância do organograma para a distribuição dos recursos humanos na estrutura no planejamento e na operação da empresa*).

4W16 (*Cargos e funções ajustados*) – **Os cargos e as funções estão adequadamente nomeados, descritos e representam de forma fiel o disposto no organograma?**

Esta questão é vinculada a anterior, até mesmo porque a palavra organograma encontra-se presente. Entretanto, o que a **4W16** questiona está um nível acima da existência do organograma, posto que só a partir das necessidades de cargos e funções, levantadas para a operação da empresa, é que o organograma deve ser montado. Ou seja, primeiro se percebe quais trabalhos e processos, sejam diretos e indiretos, fixos e variáveis, perenes ou temporários; são necessários para cumprir as diversas necessidades de funcionamento da empresa. Depois é que se faz a distribuição, vendo a matriz de causalidade, estudando agregações e separações, assim, estruturando o organograma.

> ➢ Variável nos relatórios de resultados do Mapee = (*4W16 - Cargos e funções descritos e fiéis ao organograma*).

4W17 (*Conhecimento eficaz dos RH*) **– Há informações sistematizadas sobre os colaboradores para cada função, ajustadas ao mercado, com política de salário, comissão, encargos e benefícios definidos? Essas informações podem orientar análise sobre a viabilidade de terceirização de serviços?**

Esta questão **4W17** é complementar à anterior. Então, definidos funções e cargos – nomeados e descritos adequadamente, representando de forma fiel o disposto no organograma – chega o momento de sistematizar as informações sobre cada função e cargo, pesquisando no mercado os salários e benefícios que estão sendo praticados para eles.

Importante observar que as pesquisas no mercado de trabalho devem ser constantes, para que a empresa não venha a ter prejuízo, perdendo funcionários para outras organizações. Outro aspecto a ser estudado é a viabilidade de terceirizar trabalhos, considerando a flexibilidade que isso traz na operação da empresa.

> ➢ Variável nos relatórios de resultados do Mapee = (*4W17 - Informações sistematizadas sobre a força de trabalho e sobre a viabilidade de terceirização de serviços*).

4W18 (Avaliação de desempenho) – **Há, quanto a cargo e carreira, política implantada na empresa para avaliação do desempenho dos empregados?**

Seguindo na área de gestão de pessoas, observa-se que esta pergunta complementa a anterior. A última estava voltada para fora, ou seja, para o mercado de trabalho. Agora o olhar é para o interior da empresa, mas, continuando na linha de procurar não perder bons funcionários para outras organizações. Nesse sentido, as pessoas se sentem mais seguras e animadas quando sabem que estão num ambiente onde há interesse no futuro dos seus colaboradores. Por outro lado, do ponto de vista organizacional, também é relevante poder ter *feedbacks* sobre o desempenho dos empregados, bem como, dar respostas aos colaboradores sobre as suas performances. Para atingir o objetivo de bem avaliar, adicionalmente é importante existir um plano de cargos e salários, juntamente com uma sistemática que capte o desempenho dos funcionários.

> ➢ Variável nos relatórios de resultados do Mapee = (*4W18 - Política de avaliação do desempenho dos empregados - cargo e carreira*).

4W19 (*Capacitação do pessoal*) – **Há programa formalizado de capacitação e desenvolvimento dos trabalhadores? O programa considera custos/benefícios, é conhecido pela força de trabalho e monitorado em seus resultados?**

Talvez o valor mais importante que uma empresa disponibiliza para os seus funcionários, evidentemente sem menosprezar o salário, esteja compreendido nesta questão da capacitação e desenvolvimento profissional. Com efeito, na nossa existência a educação é o atributo que possibilita voos mais altos. De todo modo a empresa, como entidade que tem objetivos definidos, deve oferecer a capacitação para os trabalhadores levando em conta os custos envolvidos e os benefícios que advirão da iniciativa.

Ressalta-se que só será possível conhecer a relação custo/benefício ao longo do tempo e, para tanto, é necessária a implantação de um monitoramento e avaliação dos resultados alcançados.

> ➢ Variável nos relatórios de resultados do Mapee = (*4W19 - Programa de capacitação e desenvolvimento dos trabalhadores, conhecido por todos e monitorado em seus resultados*).

4W20 (*Incentivo à geração de ideias***) – Há na empresa incentivo à geração de ideias/inovação entre colaboradores e parceiros?**

As perguntas **1W9** e **3W4** tem correlação com a presente **4W20**. Como anotado anteriormente, a inovação e a criatividade são fundamentais para o desenvolvimento empresarial.

Pontua-se que pessoas diretamente ligadas às organizações, tais como funcionários e fornecedores, conhecendo e vivendo o ambiente da empresa, além dos seus produtos/serviços, podem ter mais facilidade para colaborar com ideias inovadoras, desde que criativamente estimuladas. Promover a criatividade e o espírito inovador é fundamental na economia de mercado, pelos resultados que podem ser alcançados com essa iniciativa, evidentemente trazendo avanços nos negócios. É factível propor premiações, reconhecendo aqueles que se destacam com insights interessantes e que possam trazer retorno para a empresa.

> ➢ Variável nos relatórios de resultados do Mapee = (*4W20 - Incentivo à geração de ideias entre colaboradores e parceiros*).

4W21 (*Melhoria via ouvidoria***) – As reclamações e informações dos clientes são registradas, analisadas e utilizadas para a tomada de ações visando aperfeiçoar os processos, fidelizar os clientes e melhorar o negócio?**

Uma forma direta e prontamente disponível para a obtenção de dados sobre a operação da empresa, seus produtos e serviços, é por meio da atenção que é dedicada às reclamações e informações passadas pelos clientes; e consequentemente, como são tratados os feedbacks. Ora, se um consumidor manteve relação com a empresa e deseja ou precisa dar um feedback, é fundamental atendê-lo bem e extrair desse fato o retorno máximo possível. Para alguns o SAC (Serviço de Atendimento ao Cliente) pode parecer um centro de custo, entretanto, precisa ser visto como um investimento e como o principal canal de comunicação entre empresas e consumidores. Com efeito, é por meio dele que os clientes entram em contato para tirar dúvidas, fazer consultas, encaminhar casos, registrar problemas e insatisfações. Adicionalmente, não se deve deixar clientes sem respostas.

> ➢ Variável nos relatórios de resultados do Mapee = (*4W21 - Aperfeiçoamento dos processos com base nas reclamações e informações dos clientes*).

4W22 (*Investimento em PD&I e Startup*) – **Observando o investimento em pesquisa, desenvolvimento, inovação, criatividade e fomento a Startups, verifica-se que o retorno esperado em PD&I está atendendo a expectativa da empresa?**

Também em linha com as questões **1W9**, **3W4** e **4W20** está a pergunta **4W22**. Estamos novamente sendo levados a considerar o tema da inovação e criatividade, que é o motor de desenvolvimento da empresa, voltado objetivamente para o futuro. Agora a abordagem é direta, tendo em vista uma decisão estratégica, tratando-se de questionar sobre o retorno que a empresa está obtendo por meio do investimento em pesquisa, desenvolvimento, inovação, criatividade e fomento a Startups.

Há que se avaliar, sempre, a necessidade de aplicar recursos ponderando o retorno que, possivelmente, será obtido com a sua aplicação. Entretanto, na área de PD&I esse assunto requer atenção diferenciada, pois muitas vezes os resultados demoram a acontecer. Por exemplo, é comum haver polêmica sobre os investimentos em Startups, haja vista que a forma de conduzir empreendimentos dessa natureza normalmente requer mudanças de rota (pivotar), até que seja encontrado o melhor caminho para o negócio tornar-se rentável. De todo modo, como se supõe uma decisão estratégica, deve-se discutir sobre as métricas, caso a caso, com o responsável pela área de inovação e criatividade, para avaliar o resultado do investimento.

Nem todas as pesquisas terão sucesso e outras vão demorar a amadurecer – por isso a continuidade da aplicação de recursos exige critérios e que sejam assumidos riscos calculados. Difícil em PD&I é saber quanto falta aplicar para o resultado florescer. No entanto, para minimizar perdas, é importante firmar contratos especificando eventuais futuros retornos sobre experimentos que, por motivos diversos, venham a ser concluídos noutro local.

> ➢ Variável nos relatórios de resultados do Mapee = (*4W22 - Retorno esperado em PD&I*).

4W23 (*Oferta visando lucro*) – A empresa avalia sistematicamente a lucratividade dos produtos/serviços e realiza suas ofertas com visão estratégica, considerando essas análises?

Numa empresa que comercializa mais de um produto e/ou serviço é normal que eles tenham margens de lucro diferentes. Note-se que o vendedor pode ter algum controle sobre os custos e despesas incidentes naquilo que vende. Entretanto, sobre os preços não é possível dizer o mesmo, haja vista que é o mercado quem dá essa informação – sinaliza quanto tem sido pago pelos bens postos à venda. Então, como a lucratividade é a relação do lucro sobre o preço (lucratividade = (preço-custos) / preço) não é possível mantê-la sob controle.

O ideal seria a empresa vender apenas os produtos/serviços de maior lucratividade. Todavia, algumas vezes esses produtos, mais lucrativos, giram com menor velocidade do que outros, menos lucrativos. Nesses casos o maior quantitativo vendido compensa a margem menor. Também acontece, algumas vezes, que produtos/serviços de menor margem atraiam clientes que terminam consumindo outros bens, de maior margem, ou seja, têm potencial para movimentar o negócio.

Adicionalmente, é fundamental fazer o estoque girar, haja vista que as mercadorias não devem envelhecer ou sair de moda ainda dentro da empresa.

A questão **4W23** procura saber se os gestores consideram pontos como os acima levantados, quando estão revisando o quadro de projeção de vendas **1W1**.

Interessante observar: num mesmo voo comercial os passageiros pagam pelas passagens valores bem diferentes, o dobro e até bem mais, caso seja um avião que disponibilize classes diferenciadas. Mas, mesmo na classe econômica há muita variação, com viajantes fazendo percursos idênticos. Por que tem sido normalmente assim na indústria da aviação? Os voos comerciais não têm, sempre, que partir nos dias e horários previamente programados?

> ➤ Variável nos relatórios de resultados do Mapee = (*4W23 - Oferta estratégica de produtos/serviços que atraem vendas de itens mais lucrativos*).

4W24 (*Cultura da qualidade*) – Observando a questão da qualidade, verifica-se que há na empresa atenção com a busca da excelência?

A busca da excelência em gestão é um princípio incentivado pela Fundação Nacional da Qualidade (FNQ). Está condensado no Modelo de Excelência da Gestão® (MEG). Esse método é o carro-chefe da FNQ para a concretização da sua missão, que se trata de estimular e apoiar as organizações brasileiras no desenvolvimento e na evolução da gestão para que se tornem sustentáveis, cooperativas e geradoras de valor para a sociedade e outras partes interessadas.

O método da FNQ baseia-se na linha de critérios para avaliação da qualidade criados pela instituição norte americana *Malcolm Baldrige National Quality Award*. Destaca-se que a atenção na excelência da qualidade surgiu no Japão, originada na metodologia nipônica TQC (Controle da Qualidade Total). Com efeito, foram os japoneses que despertaram os EUA para a importância do controle da qualidade visando a excelência, na segunda metade do século XX, haja vista que esse foco possibilitou o desenvolvimento da indústria no Japão, que rapidamente se soergueu após a segunda grande guerra. Por exemplo, as tradicionais fábricas de automóveis norte-americanas, entre as décadas de 1970 e 1990, ficaram obsoletas, pois os japoneses passaram a produzir veículos com maior qualidade e em plantas mais produtivas e rentáveis. Então, os EUA reagiram, também passando a seguir métodos visando a excelência da qualidade.

Aplicar o **Mapee** é um caminho para que as empresas consigam trabalhar com boas práticas de gestão e atinjam suas metas estratégicas. Almejar a excelência pode ser uma boa e grande meta.

> ➢ Variável nos relatórios de resultados do Mapee = (*4W24 - Busca da excelência na qualidade operacional visando os produtos/serviços*).

4W25 (*Seleção de pessoal adequada*) **– Existe sistemática formalizada de seleção de pessoal, que estabeleça os pré-requisitos de educação, conhecimentos técnicos e habilidades interpessoais, adequados a cada cargo?**

Após se falar sobre excelência na questão anterior, a presente **4W25** chama atenção para o quadro de funcionários que a empresa necessita, visando realizar sua operação da melhor forma possível. A palavra **excelência** tem a mesma raiz de **excelente** e, aqui, lembramos a dificuldade que é selecionar pessoas. Evidentemente a empresa mapeada deve estar atenta e visar **o melhor possível**, porém, tendo presente a máxima: *o ótimo é inimigo do bom*. Sabemos que somos seres imperfeitos e a excelência é um ideal, mas, nesse sentido, acreditamos que se deve ter cuidado para que o ideal não massacre as pessoas no dia a dia. Entretanto, sempre com atenção para cumprir aquilo que foi pactuado como de realização factível, ademais, da melhor forma possível.

Para atingir metas é fundamental selecionar bem os funcionários. Antes disso, logicamente, fazer recrutamentos nos canais mais indicados, programando caso a caso em termos de cargos e funções, (que pode variar, por exemplo, de quadros internos de aviso, a mídia social e headhunter). Lembra-se que uma pessoa sem sintonia com a função ou a empresa termina trazendo problemas funcionais e prejudicando tanto ela própria como a organização. Logo, é importante a existência de sistemática formalizada para seleção de pessoal, estabelecendo os pré-requisitos de educação, conhecimentos técnicos e habilidades interpessoais adequados a cada cargo.

Quem for selecionado precisa tomar ciência dos objetivos da empresa e, evidentemente, da sua função, para poder ter em mente e oferecer no trabalho o melhor de si, em prol desses objetivos. Enfim, é identificar se a **missão, visão e valores da empresa** combinam com o **sentido de vida do colaborador**.

> ➢ Variável nos relatórios de resultados do Mapee = (*4W25 - Sistemática de seleção de pessoal adequados a cada cargo - pré-requisitos de educação, conhecimentos técnicos e habilidades interpessoais*).

4W26 (*Qualidade de vida do pessoal*) **– São identificados cuidados e atenção com a saúde, conforto, melhoria da qualidade de vida e segurança dos trabalhadores?**

O capitalismo, impulsionado pela resultante de forças que lutam nesse *locus* socioeconômico, têm evoluído na direção de fazer que o sistema passe a ter mais atenção com as pessoas. A classe trabalhadora vem conseguindo fazer alianças e impondo aos patrões obrigações e progressos visando melhorar as condições de conforto, qualidade de vida e segurança dos empregados. Observa-se que são diferentes, na maioria dos casos, as condições de trabalho atuais daquelas que prevaleciam há cem ou duzentos anos atrás, quando o movimento de revolução industrial estava no auge.

É fato que as indústrias baseadas em serviços têm ocupado cada vez mais espaço na economia (comércio, logística, tecnologia da informação, comunicação, conhecimento, educação, turismo, entretenimento, serviços pessoais, financeiros etc.). Assim sendo, o funcionamento do capitalismo passa a necessitar mais das mentes do que da força física das pessoas. Logo, a atenção com as condições de saúde psicológica deve também ser vista pelas empresas (principalmente, num mundo que se tornou refém da depressão). Repete-se, como interrogação, o texto da questão anterior: a **missão, visão e valores da empresa** combinam com o **sentido de vida do colaborador**? Acredita-se que o alinhamento estratégico da empresa com o projeto estratégico pessoal do funcionário é fundamental para que a vida deste tenha sentido e, assim, ele possa efetivamente colaborar com o desenvolvimento da empresa.

> ➢ Variável nos relatórios de resultados do Mapee = (*4W26 - Cuidados e atenção com a saúde, conforto, melhoria da qualidade de vida e segurança dos trabalhadores*).

4W27 (*Condições de compra*) – **A negociação da empresa com os fornecedores, levando em conta a observância dos direitos e das obrigações das partes, está trazendo boas condições de compra?**

É notório, porém não custa lembrar: lucro é a diferença entre os valores vendidos e os dispêndios com as aquisições, bem como todos os gastos para tornar a mercadoria/serviço vendável – então, *apurado não é lucro* (como nos diz a máxima popular). Logo, é fundamental comprar bem, haja vista que diante de rigidez dos preços de venda no mercado, uma possibilidade para melhorar o resultado da empresa, é negociar melhores condições com os fornecedores.

Os responsáveis por aquisições de insumos, serviços e bens deve ter sempre em mente, evidentemente, o cuidado com os recursos financeiros da empresa, haja vista que a fonte de entrada de recursos é uma só, o mercado, mas os pagamentos realizados pelas empresas vão para fornecedores, trabalhadores, impostos e taxas, bancos, locadores e, finalmente, para os acionistas. No setor privado esses últimos têm a possibilidade de fazer a economia se desenvolver, mas, para tanto, só quando a empresa obtém lucro ou apresenta a perspectiva de obtê-lo futuramente.

Para comprar com boas condições de preço e prazo é sempre importante, nas negociações, lembrar aos fornecedores a forma de atuar da empresa: cumpridora das obrigações, sem incorrer em atrasos e reclamações infundadas, ou seja, com baixo custo de transação. É fazer valer o cadastro positivo, conforme foi abordado na pergunta 4W13.

> Variável nos relatórios de resultados do Mapee = (*4W27 - Condições de compra com os fornecedores - direitos e obrigações das partes*).

4W28 (*Lobby informal***) – os sócios/gestores não costumam recorrer a "favorecimentos" e a caminhos informais para resolver problemas da empresa?**

Não é incomum que as empresas se deparem com problemas e dificuldades, principalmente junto ao governo, no que se refere ao cumprimento de regulamentações e percalços com fiscalizações. Também é comum surgirem conflitos com fornecedores, clientes e com outras partes que se relacionam com as organizações.

A economia capitalista tem evoluído culturalmente e está passando a proclamar que o melhor modo de tratar percalços é seguindo caminhos formais e transparentes. Nem sempre foi assim, bastando lembrar que no passado a pirataria, a pilhagem de riquezas e a escravidão foram promovidas ou incentivadas por grandes países (era praticamente uma regra na era do capitalismo mercantil). Mas, pode-se dizer que desde o final do século XX, procurar seguir regras de boa conduta empresarial tem sido uma tendência na cultura capitalista.

Não é por outro motivo que atualmente não se considera quem faz uma delação premiada um traidor e, as empresas, estão assumindo erros do passado com acordos de leniência. Importante registrar que o capitalismo não ficou "bonzinho" repentinamente. Não, acreditamos que, apenas, o próprio sistema verificou que para a economia operar melhor e ele ser benéfico para a sociedade, deveria trazer para o dia a dia a máxima comum a várias religiões, que também é conhecida como regra de ouro ou princípio ético fundamental: *não faça com os outros aquilo que não gostaria que fosse feito com você*. Adicionalmente, como o capitalismo é guiado por resultado econômico, o sistema pode ter verificado que os gastos com multas e as despesas jurídicas estavam onerando exageradamente o custo das transações para as empresas.

Interpretamos que por motivos semelhantes a cartelização passou a ser crime, bem como vários fóruns internacionais estão procurando difundir boas práticas de negociação. Exemplo maior é Fórum Econômico Mundial, criado em 1971, que anualmente se reúne na cidade suíça de Davos. Ademais, é interessante observar como rapidamente o conceito de *compliance*, que visa garantir o cumprimento das normas legais e a ética nos negócios, vem ganhando força. Isso sem falar na difusão das normas ISO (*International Organization for Standardization*) como um todo.

No **Mapee** defendemos que seguir claramente regras comerciais pactuadas entre as partes é a melhor prática para se ter um bom ambiente de negócios – o combinado não é caro. Acreditamos que essa é a melhor forma de elevar o nível dos comportamentos sociais, em benefício de todos os cidadãos. No sentido inverso, vemos que uma prática de negociação que, por algum motivo, não pode ou não deve ser levada ao conhecimento público, já é algo que os cidadãos devem desconfiar.

No estágio atual do capitalismo parece que o conceito expresso no vocábulo *privado* está perdendo espaço para a concepção do termo *público*. Talvez em privado só permaneça a cumplicidade entre parceiros e, mesmo assim, enquanto não houver constrangimento.

A frase conhecida como a lei de Gerson: "gosto de levar vantagem em tudo"; definitivamente passou a ser malvista e, por essa razão, não é mais aceitável recorrer a "favorecimentos" e a caminhos informais para resolver problemas das empresas.

> ➢ Variável nos relatórios de resultados do Mapee = (*4W28 - Busca de "favorecimentos" e a caminhos informais pelos sócios para resolver problemas institucionais, ambientais ou externalidades negativas*).

4W29 (*Participação nos sindicatos e afins*) – **A empresa tem relacionamento com suas congêneres e participa efetivamente de associações de classe e do sindicato patronal?**

Acreditamos que a exemplo de todos os demais organismos vivos, que não vivem isoladamente, pelo contrário, formam famílias e comunidades, as empresas também devem seguir o mesmo modelo. Afinal, a economia de escala advém de estar junto, trocar informações para não repetir erros, além de estando agrupado, incrementar o poder para enfrentar forças que, também conjuntamente, agem de modo contrário ao interesse da empresa.

Assim justifica-se a participação das organizações em associações de classe e sindicato patronal, principalmente em iniciativas espontâneas, sem o peso de exigências legais. Em adendo, é importante estar associado para melhor enfrentar as forças adversas.

> ➢ Variável nos relatórios de resultados do Mapee = (*4W29 - Participação efetiva nas associações de classe e do sindicato patronal*).

4W30 (*Ética e conduta anticorrupção*) – A empresa adota código de ética e de conduta que respeita a lei anticorrupção, de forma escrita e amplamente conhecida por todos os colaboradores?

Esta pergunta relaciona-se com a **4W28** e tem o sentido de reforçar, ou questionar sob outro ângulo, o aspecto da ética nas organizações. Aqui procura-se saber se a empresa tem código escrito de conduta e de amplo conhecimento entre os membros da empresa. Acredita-se que o desenvolvimento da sociedade ocorre com a institucionalização de códigos debatidos, conhecidos e aceitos por todos que se relacionam, direta ou indiretamente, com as organizações.

No **Mapee** reitera-se que a criação e a adoção das normas de conduta é uma construção social; humana, demasiado humana, com interferência de diversas forças, inspirando e sugerindo institucionalizações. Embora atualmente a afirmação da frase precedente seja aceitável, durante séculos os homens acreditaram que as leis provinham diretamente de Deus e, além disso, os reis e a nobreza eram iluminados por divindades, assim permitindo que eles na Terra fizessem valer as vontades transcendentais.

> ➢ Variável nos relatórios de resultados do Mapee = (*4W30 - Ética e conduta que respeita a lei anticorrupção de forma escrita e praticada por todos*).

4W31 (*Respeito aos diretos humanos*) – **A empresa respeita os direitos humanos básicos dos trabalhadores, promovendo a igualdade de oportunidades e de tratamento para os seus colaboradores, independentemente de etnia, cor, nacionalidade, condição social, necessidades especiais, orientação sexual, convicções políticas ou religiosas, sexo ou idade?**

Embora pareça que no século XXI a questão **4W31** caminhe para ser como "chover no molhado", até poucos anos atrás o respeito aos direitos humanos era um campo extremamente árido. Foi necessário muito esforço liberal e revolucionário para vencer o conservadorismo de mulheres e homens reacionários, os quais procuravam manter a cultura social como no tempo em que escravizar e discriminar pessoas eram fatos aceitos "eticamente". No presente se sabe que não são imposições divinas que determinam, sobre as pessoas, a raça, cor, filiação, nacionalidade, religião, sexo, ou, seja lá o que for. As pessoas nascem de um modo ou de outro por razões genéticas e condições da gestação (tempo e lugar). Bem como, são formadas em ambientes socioeconômicos e culturais que exercem influências nos seus comportamentos. Por outro lado, sobre a formação das aptidões das pessoas, inclusive para o pensamento autorreflexivo, a ciência ainda pouco sabe.

Particularmente sobre aspectos sexuais, que continua no século XXI provocando debate no que se refere a questões de gênero (mesmo mais de cem anos após Freud ter criado a psicanálise), atualmente a biologia do nosso ser permite observar que um humano pode nascer com genitália masculina ou feminina, mas no seu cérebro, por questões hormonais ou de outra natureza (não esclarecidas até o momento), habitar uma sexualidade diferente, a qual predomina na mente e, por conseguinte, no corpo dessa pessoa. No presente ainda está se debatendo uma questão que já poderia estar pacificada: se um ser humano pode ou deve ser discriminado porque nasceu com o sexo genital diferente do sexo mental ou, por causa de outros condicionantes, se vê interiormente de modo contrário ao exterior.

> Variável nos relatórios de resultados do Mapee = (*4W31 - Respeito aos direitos humanos básicos dos trabalhadores - igualdade de oportunidades e de tratamento*).

4W32 (*Ouvidoria interna*) – A empresa tem procedimentos e canais formalizados e disseminados para registro, apuração e ação sobre denúncias de irregularidades?

Saber ouvir é uma ação fundamental para promover o debate e a evolução das regras institucionais. Algumas questões anteriores, como a 4W26, 4W28, 4W30 e 4W31, para realmente prosperar, necessitam estar vinculadas a uma instância das organizações que escutem possíveis irregularidades. Adicionalmente, com condições de dar encaminhamento para que os problemas sejam solucionados. Logo, tanto a empresa como seus integrantes devem estar abertos para receber as queixas sobre possíveis irregularidades, bem como, de fato e de direito, encaminhar as devidas soluções.

> Variável nos relatórios de resultados do Mapee = (*4W32 - Procedimentos e canais efetivos para denúncia e apuração de irregularidades internas*).

HOW? – Questões referentes a COMO são os processos de produção e os métodos administrativos.

Para conduzir-se na vida o ser humano segue padrões e rotinas, de tal forma que, na maioria das vezes, age sem necessidade de parar para pensar; apenas, acompanha o costume, sua cultura e a educação que assimilou. Se assim não fosse teria que deter-se a cada passada, refletindo sobre o que fazer na seguinte. Há que se concordar sobre a grande dificuldade que seria caminhar na existência, se não existisse na memória o registro dos comportamentos normalmente seguidos.

Entretanto, à medida que as situações vividas pelo homem vão ficando mais complexas, também cresce a necessidade de pensar sobre as rotinas ou processos que devem ser seguidos. Com outras palavras, vai emergindo a conveniência do pensamento estratégico, até chegar no ponto onde se torna importante refletir sobre as questões concernentes a missão, visão e valores que devem guiar as pessoas.

Sendo o homem na vida pessoal guiado por padrões e rotinas, nas organizações que cria age de modo semelhante, estabelecendo normas, regras e códigos. Paralelamente, é imprescindível notar que no caso da vida humana as instituições precisam ter uma finalidade, sob pena de sucumbir (parece não ser assim em outros organismos, a exemplo do apêndice no homem, aparentemente sem ter uma função no corpo).

Quando se analisa a perspectiva econômica a importância da finalidade é ainda mais premente, porém, qualquer tipo de organização humana (governamental, jurídica, militar, de ensino, recreação, desportiva, artística, religiosa etc.) precisa cultivar bem sua *razão de ser*, para permanecer viva. Nesse sentido, focando as organizações empresariais, há que destacar-se um ponto: a objetividade envolvida na reunião de pessoas com um fim específico e, todos, com o propósito de obter renda para manutenção e crescimento, visando atender suas necessidades vitais.

Observando com atenção a atividade empresarial constata-se que é uma criação social sofisticada, que expressa bem a inteligência e a capacidade humana voltada para solucionar seus problemas existenciais. E, não custa lembrar, que o desenvolvimento das empresas é bem recente, quando se compara à criação das organizações sem fins lucrativos. Adicionalmente, as empresas são as células da economia, esta a dimensão da vida social inteligente que mais se desenvolveu nos dois últimos séculos, particularmente quando se compara ao mundo religioso (que não se deve confundir com a dimensão espiritual).

Na vida contemporânea, de modo particular nas organizações empresariais, um ponto passou a se destacar: a discussão ou debate sobre *como* os seus membros devem se conduzir, ou seja, eles passaram a ser ouvidos na construção das normas. Com outras palavras, as regras e rotinas devem ser uma construção social, não mais uma imposição, a exemplo do que era até pouco mais de cem anos, no caso do Brasil, na economia sob o regime escravocrata. É fato evidente que no mundo atual nem todas as pessoas querem participar da construção dos códigos e, também, muitas vezes ainda não é viável nem pertinente essa participação. Entretanto, seja como, for há que se comunicar previamente acerca das regras do "jogo" e tirar as dúvidas sobre elas, principalmente no que diz respeito a *como* e *por que* as normas nas empresas foram construídas e escritas.

Acreditamos que a necessidade prática na vida e no trabalho de ter um *como (How)* bem definido ocorre naturalmente, porque os seres humanos olham ao redor e veem padrões e rotinas na natureza. Por associação passam a imitar, partindo para construir organizações e regramentos.

É fato que durante um largo período da história os homens e as mulheres julgaram que os seus comportamentos deveriam vir apenas de forças transcendentais, que transmitiriam diretamente a vontade e as regras de Deus. Entretanto, diferentemente de padrões divinos, que seriam perfeitos e eternos, os métodos, as técnicas e os processos que as pessoas constroem passam a ter vida própria. Logo, vão sendo ajustados às realidades mutantes da vida, que são construídas pelos seres humanos e sempre estão evoluindo ou em reforma.

É realmente importante não esquecer que, no caso do homem, as regras não são eternas, provenientes de um saber e poder infinitos. Não, na prática os fenômenos sociais se alteram conforme o jogo de forças que se observa na sociedade. Na verdade, o que existe são pontos de vista, perspectivas diferentes para se observar uma mesma coisa, porém, sob outro ângulo. Todavia, para que não impere o relativismo e se tenha certeza de estar vendo um mesmo objeto (fenômeno), só que apenas de outro modo, é fundamental que os cidadãos informem sob qual ângulo e em que condições estão realizando a sua mirada. É o caso de não confundir uma narrativa com a verdade e, para tanto, se deve exigir a informação sobre como foi construída perspectiva do narrador (assim evita-se *fake* e meros devaneios).

No **Mapee** observa-se a relação direta existente entre as pessoas (*Who*) e os métodos (*How*), haja vista que são as pessoas que constroem os métodos, então, elas têm liberdade para alterá-los, evidentemente que enfrentando o jogo de forças configurado após o estabelecimento dos códigos.

As questões adiante, postas neste bloco do *como* (*How*), estão aqui presentes apenas porque parecem ter mais solidez, ou seja, já estão incorporadas ao ambiente empresarial e não seriam alteradas pelas pessoas, de modo tão fácil. Por sua vez as do bloco anterior, do *quem* (*Who*), acredita-se que estão ainda em processo mais recente de institucionalização. Evidentemente esse é um ponto de vista e podem ser debatidas outras miradas ou narrativas.

1H1 (*Mapeamento dos processos*) – São seguidos processos de trabalho padronizados e documentados que vão sendo atualizados para melhoria contínua? Esses processos levam em consideração, pelo menos: compras, finanças, produção, qualidade, pessoal, estratégia, vendas, marketing, meio ambiente e relações públicas/comunicação?

Inicialmente pede-se atenção para duas palavras: padronização e documentação. Fazendo um contraste, existem padrões não documentados, ou seja, apenas instituídos culturalmente pelo costume. Lembra-se que muitas vezes os padrões sociais costumeiros e tradicionais são os mais difíceis de serem rompidos, bem como a quebra só se efetiva com a força da lógica, do esclarecimento cognitivo ou da intuição.

No caso da atividade empresarial é importante a documentação formalizada dos processos, como a estabelecida pela Ciência das Organizações, desde alguns anos. Com efeito, esse fato já ocorria "antigamente" (há cerca de meio século), formalizando-se no "velho" departamento de *Organização e Métodos* (OeM), que era, também, uma das disciplinas mais importantes nos cursos de administração de empresas.

Com o avanço da informática a atividade de OeM praticamente migrou para a área de TI, à medida que os softwares e as máquinas foram substituindo os homens, basicamente nas atividades rotineiras e repetitivas. Com efeito, a tecnologia da informação, cuidando da criação dos programas e aplicativos, tomou para si a padronização e a documentação de grande parte das atividades desenvolvidas nas empresas, nas suas diversas áreas. De qualquer modo, a necessidade do trabalho humano continua, principalmente em atividades que não são repetitivas, ou requerem a iniciativa e o discernimento próprios da inteligência das mulheres e dos homens.

A TI continua avançando, agora também com a inteligência artificial (IA), a qual vai ocupando espaços, ao que parece indo até o limite onde o trabalho necessite, realmente, do pensamento autorreflexivo, ou seja, não passível de programação prévia. Adicionalmente, a necessidade do homem permanece onde o trabalho funcione melhor na base do contato entre semelhantes; enfim, onde a sensibilidade e o toque pessoal façam a diferença. Talvez o ser humano venha deixar o trabalho penoso para as máquinas (cada vez com mais IA) e passe a viver com arte, bem como com seus pensamentos intransferíveis ou, no máximo, intersubjetivos – há quem pense que atualmente se vive, no que se refere ao trabalho dos homens e das mulheres, uma época de transvaloração de antigos valores.

Seja como for, a atividade empresarial é tão dinâmica como a vida do ser que a criou e, por isso, a atualização dos padrões e processos devem ser uma constante nas organizações, acompanhando e mesmo se adiantando na construção e reforma das empresas. Atualmente existem softwares dedicados a auxiliar na tarefa de levantar os processos de trabalhos nas organizações, os quais são importantes para atender ao que questiona a pergunta **1H1**.

Como exercício se pede a reflexão sobre os setores adiante descriminados, os quais são os básicos e considerados os mais visíveis nas empresas, no sentido de neles imaginar e relatar tarefas que, o ser humano, realiza melhor do que uma máquina computadorizada e vice-versa: compras, finanças, produção, qualidade, pessoal, estratégia, vendas, marketing, meio ambiente e relações públicas/comunicação.

> ➤ Variável nos relatórios de resultados do Mapee = (*1H01 - Atualização dos manuais de processos internos - produção, qualidade, pessoal, marketing etc.*).

1H2 (*Comunicação integrada para vendas*) – **Analisando as áreas de vendas, de recebimento dos valores vendidos, de produção e de entrega, observa-se que elas têm canal de comunicação com troca permanente de notícias e dados?**

O objetivo maior das empresas é vender, entregar os produtos ou serviços e receber os valores comercializados. Sem a venda não se pode sequer falar em obtenção de resultados. Logo, todos os esforços devem estar voltados para servir os clientes.

Nesta pergunta o objetivo é saber se os líderes estimulam o diálogo e o trânsito de comunicações entre essas áreas fins e diretamente integradas com a clientela, pois é de amplo conhecimento que a informação à tempo, à hora e nas entrelinhas, é um capital básico para que as empresas se mantenham sintonizadas com os acontecimentos do mercado.

> ➤ Variável nos relatórios de resultados do Mapee = (*1H02 - Troca permanente de notícias e dados entre vendas, produção e entrega - canal de comunicação estruturado*).

1H3 (*Competitividade via TIC*) – **Os sistemas de tecnologia, informação e comunicação (TIC) atendem as necessidades operacionais da empresa? Tais sistemas contribuem para aumentar a sua competitividade?**

Esta pergunta está relacionada à **1H1**, observando que atualmente buscar e alcançar a melhor sistematização possível, levando em consideração o porte de cada empresa, é fundamental para que os negócios se mantenham e prosperem. Num mercado dinâmico a tecnologia, a informação e a comunicação, hoje integradas, representam um capital a cada dia mais valioso, trabalhando para que as organizações não se tornem obsoletas, com outras palavras, para ter uma TIC como ativo que se reflete efetivamente no aumento da competitividade organizacional.

> ➢ Variável nos relatórios de resultados do Mapee = (*1H03 - Competitividade empresarial pelos sistemas de TIC*).

1H4 (*Otimização de recursos nas compras*) – **Sobre a área de compras — de matérias-primas, mercadorias, insumos diversos e bens para o ativo fixo — observa-se que existem processos definidos e com visão estratégica para a otimização dos recursos da empresa?**

Enquanto a pergunta **1H2** abordou o lado das vendas, a presente questão coloca o foco nas compras. Também se observa que ela está relacionada a **4W27**, haja vista que ambas abordam a relação com os fornecedores. Mas, lá a pergunta leva em conta o aspecto da negociação, ou seja, tem um componente comportamental ou pessoal. Por sua vez a **1H4** está centrada na padronização do processo de compras, o qual, reitera-se, é tão importante como o de vendas, relembrando que só existem essas duas variáveis na equação de lucro (evidentemente se deve pensar nas receitas totais e na inclusão de todas despesas).

O foco aqui é apenas a compra de matérias-primas, mercadorias, insumos diversos e bens para o ativo fixo, enquanto na equação do lucro, que envolve os totais de recebimentos menos os de gastos, os pagamentos também comportam a mão-de-obra, os impostos, os juros e as locações de serviços ou bens fixos. Observa-se que principalmente no que se refere a impostos e taxas, é difícil uma ação isolada da empresa visando reduções e, por esse motivo, esta pergunta **1H4** trata apenas de relacionamentos negociados pela área de compras.

> ➢ Variável nos relatórios de resultados do Mapee = (*1H04 - Processos de otimização de compras em geral*).

1H5 (*Abundância de fornecedores*) – **Sobre o fornecimento de mercadorias/insumos estratégicos necessários à operação; a oferta é**

abundante e existe concorrência entre fornecedores, não havendo risco de dependência no que se refere à aquisição de insumos pela empresa?

Nesta questão aproveita-se para fazer uma referência a Michael E. Porter, um dos principais cientistas e consultores do campo de administração de empresas. Porter é o autor do conceito das *cinco forças* que dirigem a *estratégia competitiva* industrial: Concorrentes na indústria; Entrantes potenciais; Substitutos; Compradores; Fornecedores. Todas essas cinco forças estão, evidentemente, presentes nas cento e cinco questões do **Mapee**. Especificamente nesta pergunta **1H5** é abordada a perspectiva do risco que pode estar presente nas organizações, no que se refere à disponibilidade de fornecedores para atender as demandas de insumos das empresas.

> ➢ Variável nos relatórios de resultados do Mapee = (*1H05 - Abundância de fornecedores de mercadorias/insumos estratégicos - sem risco de aquisição de insumos*).

1H6 (*Avaliação dos fornecedores*) **– Os fornecedores são selecionados com critérios definidos e seus desempenhos são avaliados periodicamente?**

A pergunta **1H6** está alinhada com a anterior e com as **1H4** e **4W27**. Todas se voltam para questionar, em mais de uma perspectiva, sobre a atenção que os líderes das empresas estão dando à área de compras. No presente caso procura-se verificar se o aspecto de avaliação dos fornecedores está normatizado e se são feitos registros que permitam fazer comparações.

> ➢ Variável nos relatórios de resultados do Mapee = (*1H06 - Avaliação periódica do desempenho dos fornecedores*).

1H7 (*Benchmarking*) **– Para aferir e analisar os seus processos e a sua produtividade, a empresa adota indicadores que permitam comparar a sua performance com os desempenhos de congêneres (benchmarking) e com empresas tidas como referência em cada área de gestão?**

Um dos principais modos de conseguir desenvolvimento é observando os processos e comportamentos dos outros, evidentemente, comportamentos exemplares e processos que tragam bons resultados. Porém não se trata de cópia, é importante comparar com a própria empresa e, se a observação mostrar que outras organizações, inclusive de outras áreas, estão tendo bons resultados em setores específicos de gestão, cabe a empresa observadora fazer ajustes na sua forma presente de funcionamento ou atuação.

É fato que sempre os seres humanos estão se comparando entre si. O *benchmarking* é apenas um modo sistematizado de observação das empresas, visando mudanças internas para a melhoria da performance organizacional.

> ➢ Variável nos relatórios de resultados do Mapee = (*1H07 - Benchmarking em cada área de gestão*).

1H8 (*Contabilidade/Auditoria céleres*) **– Sobre as informações contábeis, os balancetes mensais são disponibilizados no início do mês e auditados periodicamente?**

Atualmente, com o avanço da informática, as empresas têm facilidade para manter a contabilidade atualizada. Esta questão apenas deseja ressaltar a importância desse ponto, no sentido dos gestores utilizarem nas suas empresas um software adequado ao seu porte, criando meios para que as informações cheguem à contabilização em tempo hábil. O mais indicado é ter um sistema integrado, levantado os dados desde as compras até o recebimento dos valores vendidos.

Por sua vez a auditoria é quem possibilita obter maior segurança sobre os números apresentados pela contabilidade. Inclusive em pequenos negócios, periodicamente se deve conferir os lançamentos, mesmo adotando critérios mais simples de amostragem.

Evidentemente é necessário também observar a composição dos números, resultado de somatórios de preços vezes quantidades, ou seja, não importam apenas os totais, uma análise da estruturação dos valores e quantitativos é igualmente relevante para captar as variações e nuances dos negócios.

Esta pergunta **1H8** trata de lembrar a importância da contabilidade, criada em 1494 na sua versão moderna, pelo matemático Luca Pacioli, em Veneza, então cidade de grandes mercadores. O objetivo do novo método contábil, denominado *partidas dobradas*, foi tornar possível calcular corretamente os resultados dos negócios, para poder distribuir o lucro com os sócios. Entretanto, embora passados cinco séculos, muitas empresas ainda não cuidam adequadamente dos seus dados contábeis. Talvez os mantenham porque são forçadas pelo governo, que precisa calcular os impostos. Ou seja, vários negócios ainda permanecem vendo a contabilidade, apenas, em função de uma necessidade do fisco.

> ➢ Variável nos relatórios de resultados do Mapee = (*1H08 - Celeridade e auditoria dos balancetes mensais*).

1H9 (*Gestão por balancetes*) – Os balancetes mensais são analisados e utilizados pela administração como instrumento para gerenciar os resultados do negócio?

Completando a questão anterior, destaca-se que é para o balanço e para a demonstração de resultados, mostrando o lucro ou prejuízo dos negócios a partir de corretos lançamentos dos débitos e créditos, bem como da composição dos ativos e passivos, que devem convergir os olhos dos sócios.

Na pergunta **1H8** o foco foi a existência de uma boa contabilização. Agora, a atenção é na análise dos valores, verificando se a empresa está ganhando ou perdendo dinheiro. Para a maioria dos negócios esperar o período de um ano a fim de analisar as contas, aguardando o fechamento do exercício contábil, é um tempo muito extenso, principalmente para aqueles que têm interesse direto na organização. O mais indicado é mensalmente verificar os números, fazendo um monitoramento de perto do desempenho da empresa, vendo qualquer desvio e estudando como corrigir o rumo, se for o caso.

> Variável nos relatórios de resultados do Mapee = (*1H09 - Gerenciamento do negócio por meio dos balancetes*).

1H10 (*Capital de giro adequado*) **– A empresa mantém capital de giro, inclusive estoques de insumos e produtos, adequados para a sua escala de produção e vendas e a um custo financeiro aceitável?**

Para realizar as suas operações as empresas necessitam de dois tipos de capital: o fixo, basicamente formado por áreas, instalações e equipamentos. E o capital de giro ou circulante, composto por valores que utilizam a fim de realizar os pagamentos de tudo o que se faz necessário para concretizar o ciclo da sua prestação de serviço, produção ou venda de mercadorias. Ou seja, essencialmente valores para fazer o negócio girar atendendo fornecedores, trabalhadores, impostos, juros, prestadores de serviços e locadores.

Da mesma forma que está pagando, a empresa vai recebendo recursos em razão das vendas, fruto da sua atividade operacional. Logo, há que se fazer a equalização entre as entradas e as saídas de valores, observando que o resultado dessa equação, devidamente calculado, é o lucro da empresa.

Como ao longo do tempo há desequilíbrio entre os recebimentos e os pagamentos, é fundamental fazer o planejamento do fluxo de caixa e ficar sempre atento à adequação do capital de giro ao nível de trabalho da organização. Com efeito, a carência imprevista de recursos pode acarretar atrasos operacionais ou onerar a produção com empréstimos não programados e, assim, provavelmente com custo financeiro acima da média no mercado. Da mesma forma, não é indicado ter um nível de estoques, seja de insumos ou de mercadorias para venda, além do que seja necessário à operação da empresa, pois para quase tudo que for armazenado existe prazo de validade. Por sua vez, eventuais sobras de caixa devem ser bem aplicadas no mercado financeiro.

> Variável nos relatórios de resultados do Mapee = (*1H10 - Adequação do capital do giro e do custo financeiro para a escala de produção e vendas*).

1H11 (*Participação nos lucros*) – **A divisão da sobra de caixa, efetivamente gerada na operação da empresa, é acordada mediante regras e em prazo definido, para ser devidamente alocada entre lucro dos sócios, reservas, fundo para investimento, bonificação para dirigentes e para empregados?**

O objetivo básico dos negócios na cultura capitalista é gerar lucro e, sem isso (ou sem a perspectiva de obter lucros futuros), uma operação deixa de fazer sentido econômico. É do resultado já obtido que os sócios podem e devem sacar o dividendo correspondente a sua participação no capital da empresa. Adicionalmente o lucro, dentro da margem legal permitida pela legislação, pode ser distribuído conforme critérios que os próprios sócios estabeleçam, seja para eles próprios ou para os colaboradores, que pode ir de diretores até os funcionários do primeiro nível.

O recomendado pelo **Mapee** é que a regra de distribuição seja clara, ou seja, facilmente entendida por aqueles que podem participar do rateio do resultado da empresa. Entretanto, é importante reiterar que, contemporaneamente por princípio, as reservas legais e os sócios ainda têm prioridade sobre a distribuição do lucro.

Na questão **1H9** verificou-se que o ideal é a empresa mensalmente acompanhar o seu resultado, verificando se está obtendo lucro e gerando saldo de caixa. Essa verificação também possibilita que a cada trimestre a empresa faça uma apuração do valor que pode efetivamente ser considerado lucro, após a declaração do seu resultado trimestral à Receita Federal. De todo modo, o mais indicado é fazer distribuições abaixo do valor estabelecido como teto de retiradas e proceder a complementação dos pagamentos das pertinentes, apenas, após a verificação do resultado anual.

> ➢ Variável nos relatórios de resultados do Mapee = (*1H11 - Divisão da sobra de caixa entre lucro dos sócios, reservas, fundo para investimento, bonificação para dirigentes e para empregados*).

1H12 (*Serviços Advocatícios*) – **No que se refere à assessoria jurídica, constata-se que só é contratado serviço advocatício quando surge uma ação judicial, ou utiliza-se a assessoria no aconselhamento operacional e nos processos de contratação?**

Embora diretamente essa seja a única pergunta abordando de forma específica uma questão sobre serviço advocatício, o aspecto jurídico está permeando todo o **Mapee**, pois quando se fala de institucionalização e do estabelecimento de normas e regras, indiretamente está vindo à tona o aspecto legal. Nesse sentido as perguntas 1W15, 4W21, 4W28, 4W30, 4W31, 4W32, 1H11, 1H13, podem implicar a necessidade de um advogado.

Especificamente a presente pergunta tem por objetivo registrar a importância da empresa manter serviço advocatício para assessorá-la na elaboração dos seus contratos, ou seja, prestar uma assistência evidentemente ampla, pois a vida das pessoas jurídicas formais deve ser toda respaldada em contratos. Assim aqui se fala, por exemplo, do contrato de constituição da sociedade e das suas alterações, dos contratos de compras, dos de vendas, dos contratos de trabalho, de locações, enfim, de todo relacionamento formal da organização.

No **Mapee** defendemos que, sempre, uma boa negociação e um contrato que reflita o que foi ajustado é a melhor forma de conduzir as empresas, precavendo-se de problemas e minimizando o custo com a área jurídica; que é mais dispendiosa quando parte para o âmbito contencioso.

Há inclusive que ter em mente o instrumento contratual mais recente, o *smart contract*, auto executável e que está entrando em voga nos negócios realizados virtualmente, mas, em razão da realização automática, por eventos vinculantes, exigindo atenção redobrada quando da sua elaboração.

Finalizando, lembra-se que devem ser priorizadas, em caso de desavença, as câmaras de arbitragem, tirando proveito da Lei 9307/96, que reformulou o instituto da arbitragem no Brasil e, desde então, a sentença arbitral não ficou mais sujeita à homologação pelo Poder Judiciário, pois o novo Código Civil reconhece a mesma como definitiva.

> Variável nos relatórios de resultados do Mapee = (*1H12 - Serviços advocatícios para aconselhamento e contratos*).

1H13 (*Procedimentos de segurança*) – **Analisando a questão de segurança, seja do trabalho, dos bens, das informações e dos sistemas, constata-se que se dispõe de procedimentos organizados, sendo seguidas as normas de prevenção e segurança, bem como medidas apropriadas para as respostas a situações de emergência?**

O tema da segurança é um dos mais sensíveis nas empresas, pois lembra risco e este traz à mente prejuízo ou perda de riqueza. Logo, zelar pela segurança, em todos os seus aspectos, é de fundamental importância no mundo dos negócios. É por esse motivo que existem normas de segurança estabelecidas para todos os temas citados na pergunta 1H13. Apenas cabe a empresa trazer para o seu ambiente e procurar seguir as normas, que tem variações dependendo, principalmente, da tipologia, finalidade e porte dos estabelecimentos.

> Variável nos relatórios de resultados do Mapee = (*1H13 - Procedimentos organizados de segurança - trabalho, bens, informações sistemas*).

1H14 (*Controle de riscos*) – **Considerando os riscos aos quais o negócio está exposto e os danos que eles podem causar às pessoas e ao ambiente em geral, existe estudo ou plano com identificação, monitoramento e mitigação desses perigos e riscos, bem como estão previstas as respectivas medidas de controle? Existem planos de contingência para eventos aos quais a empresa está mais vulnerável?**

Esta pergunta inicia um conjunto com as próximas quatro e mantém alguma relação com a anterior. Todas abordam a "simbiose" entre ambiente e risco. A 1H14 tem o foco na identificação, monitoramento e mitigação, bem como em medidas de controle dos riscos.

Assim como as pessoas físicas, as jurídicas correm o risco de causar prejuízos a si e a terceiros, verificando-se, principalmente no caso de alguns tipos de empresas, a possibilidade de sua operação habitual prejudicar, gravemente, a fauna, a flora e a própria comunidade. Nessa situação há que avaliar se, realmente, os empreendimentos devem ser mantidos, ou, se seria o caso de partir para atender a oferta com alternativas. Como exemplo lembra-se as telhas de cimento amianto, alguns agrotóxicos (DDT) e mesmo medicamentos (alguns usos da Talidomida), que tratam de um problema, mas que podem trazer outros malefícios.

Por sua vez, a melhor forma de se precaver contra possíveis incidentes e ocorrências anormais é elaborando planos de contingência, tomando como exemplo situações difíceis que já aconteceram em outras organizações.

Adicionalmente nós do **Mapee** defendemos que a sociedade deve, sempre, se questionar sobre o custo/benefício de continuar produzindo bens que, sabidamente, trazem insegurança para as pessoas ou para o meio ambiente.

> ➢ Variável nos relatórios de resultados do Mapee = (*1H14 - Identificação, monitoramento, mitigação e medidas de controle dos perigos e riscos inerentes ao negócio, às pessoas e ao ambiente*).

1H15 (*Apólices de seguros*) - **A empresa mantém apólices de seguros compatíveis com os riscos que são observados no negócio?**

A instituição dos seguros na sociedade é anterior ao sistema capitalista e remonta a civilizações de mercadores, anteriores a era cristã. Na economia de mercado os seguros também são muito bem-vindos, exatamente com a função de indenizar quem sofre um sinistro e tem prejuízo, distribuindo uma perda, probabilisticamente calculada, com as outras pessoas que também compram seguros, porque estão em situações similares. Os seguros são como uma garantia do bom funcionamento da economia, mesmo em situações adversas, em razão de sinistros, fenômeno intrínseco aos negócios.

O preço do seguro está relacionado ao risco. E, logicamente, o ideal é minimizar o capital segurado, ou seja, diminuir o risco da perda dos bens e valores, cuidando deles da forma mais adequada possível.

O **Mapee** orienta que as empresas consultem os corretores de seguros devidamente cadastrados nos órgãos oficiais de controle, tratem de bem avaliar seus riscos e negociem as suas apólices com base técnica.

> ➢ Variável nos relatórios de resultados do Mapee = (*1H15 - Manutenção das apólices de seguros compatíveis com os riscos do negócio*).

1H16 (*Destino dos resíduos***) – Há método e instalações adequadas para a coleta e o destino dos resíduos que são gerados? A empresa obedece à legislação, existindo programa proativo de gerenciamento de resíduos?**

Na linha do cuidado com o meio ambiente, também diminuindo o risco de contaminação da natureza, as empresas tem papel primordial, pois são elas que na economia de mercado estão fabricando as mercadorias que consumimos, as quais, no futuro, muito provavelmente terminarão produzindo algum lixo (material residual e não reciclável que polui a terra, o mar ou, no mínimo, a paisagem).

Indústrias que produzem bens mais agressivos ao meio ambiente, como pneus, já tem regras para cuidar dos seus produtos após a utilização pelos consumidores. Porém essa prática ainda não foi incorporada pela cultura capitalista como um todo, particularmente nos países em desenvolvimento. Da mesma forma a logística reversa só é empregada em cadeias produtivas nas quais os resíduos tenham significativo valor de mercado. Por exemplo, no caso das embalagens de alumínio. Enquanto isso as embalagens de material plástico continuam contaminando, praticamente de forma livre, a natureza. Os seres humanos como um todo, de fato, ainda não se inquietam com o mal que vêm causando à Terra.

Talvez, caiba aos líderes empresariais cuidar desse problema. Nesse sentido as empresas poderiam ser protagonistas da limpeza do planeta, principalmente procurando educar a população para dar o devido destino aos resíduos que geram por meio do consumo. Adicionalmente, retirar da natureza todo o lixo que nela colocaram. Dessa forma a pergunta **1H16**, em si, pode passar a ser vista como uma obrigação.

> ➢ Variável nos relatórios de resultados do Mapee = (*1H16 - Método e instalações, obediência a lei e programa proativo para a coleta e o destino dos resíduos*).

1H17 (*Racionalização de água*) – Existe sistema ou instalações que propiciem a racionalização do uso da água?

O principal recurso (junto com o ar) da Terra e dos seres vivos como um todo está sendo drasticamente poluído pelos seres humanos. Cabe indiscutivelmente às empresas utilizar a água de forma inteligente, como grandes consumidores, pois embora o H^2O seja aparentemente um recurso abundante, em razão do mal-uso está se tornando escasso e caro.

É uma má perspectiva ter que vir dessalinizar o líquido que representa, aproximadamente, 75% do volume do nosso corpo e igual percentual da face da terra. Porém, estamos caminhando para ter essa necessidade, lembrando que apenas 3% do total da água no nosso planeta é doce e ela está, indiscutivelmente, se tornando escassa. Ademais, os rios que abastecem os reservatórios naturais de água doce estão sofrendo com o desmatamento e a poluição.

Mais do que adotar um programa de racionalização do uso, as organizações podem educar as pessoas para utilizar e, reutilizar, a água com a merecida reverência, em razão da sua vital importância para nós.

> ➢ Variável nos relatórios de resultados do Mapee = (*1H17 - Racionalização do uso da água*).

1H18 (*Racionalização de energia*) – Existem medidas para uso racional de energia?

A economia da era industrial, até o tempo presente, vem utilizando de forma avassaladora as fontes não renováveis de energia. Já no século XIX estavam praticamente dizimadas as florestas na Europa, próximas aos centros industriais e aglomerados urbanos. Na sequência tem início a exploração do terrivelmente poluente carvão mineral, mas este fadado a ser um insumo energético sobrepujado pelo petróleo. Este vem tendo um uso intensivo e ainda, no início do século XXI, é a principal a fonte de energia para a humanidade.

Quanto mais energia não renovável é consumida, maiores são a poluição e o desequilíbrio que o homem provoca na natureza. Desse modo, claramente o nosso comportamento quanto ao consumo de energia não está sendo racional. Entretanto, é auspicioso saber que os velhos motores movidos a derivados de petróleo, extremamente ineficientes em termos de conversão energética, já estão sendo largamente substituídos por força motriz movida a eletricidade, os quais podem utilizar a potência de baterias carregadas por fontes renováveis de energia.

Talvez a forma que o ser humano tem para mitigar o mal que está causando à Terra, além de fazer bom uso da água, é racionalizando o seu consumo energético, o que também reduzirá a poluição. Além disso, no **Mapee** defendemos que as empresas, como maiores consumidoras de energia, contribuam com a educação para o uso racional desse insumo, que desde o século passado vem sendo hipertrofiado pela sociedade capitalista. Porém se vê sinais e enfim, ao que parece, a humanidade está despertando para essa questão. Assim, o Século XXI passa a ser marcado pelo uso racional de energia e não do desperdício, como foi o anterior.

> ➢ Variável nos relatórios de resultados do Mapee = (*1H18 - Racionalização do consumo energético da empresa*).

1H19 (*Fluxograma da produção*) – **Existem mapeamentos e descrições dos processos produtivos? Eles estão documentados em fluxogramas? Possibilitam também a análise do que é passível de terceirização?**

Quando os empresários decidem lançar um produto ou serviço no mercado ou ampliar a colocação de algo que já está sendo ofertado, de pronto se deparam com a necessidade de resposta para a seguinte questão: como será realizada a oferta desse produto ou serviço?

A resposta a esta pergunta, em primeira instância, implica saber como será obtida a mercadoria a ser ofertada. Pode ocorrer que os empresários apenas façam o comércio e, dessa forma, o fluxo entre a compra, recepção, estocagem, venda e entrega da mercadoria seja relativamente simples. Nesse caso é uma prestação de serviço, que em economia se enquadra como atividade do setor terciário.

Mas os empresários podem fabricar a mercadoria. Então vão precisar de uma área para instalar a produção, necessitarão de matérias primas, componentes e outros insumos, de máquinas, bem como de pessoas para trabalhar na manipulação, operação, supervisão ou manutenção das máquinas. Essa é uma atividade industrial e representa o setor secundário da economia.

Também pode ocorrer que os empresários decidam operar no plantio, para colher matérias primas agrícolas, ou trabalhar com jazidas, extraindo insumos minerais. Essa atividade direta na terra, extraindo riquezas minerais ou vegetais, é classificada como o setor primário da economia.

Os empreendimentos devem ter previamente toda a descrição de como vai ocorrer a produção, sendo importante a elaboração de um fluxograma de atividades, informando quais são os insumos que entram no processo e de que forma serão trabalhados, tanto por pessoas como por equipamentos. Pensando num *bolo*, é a sua receita, com os quantitativos de ingredientes e forma de preparo.

Atualmente existem softwares dedicados a auxiliar na tarefa de levantar os processos de trabalhos nas empresas, os quais são importantes para atender ao que questiona a pergunta 1H19.

Quando do estudo do fluxograma deve-se atentar se o mais indicado é elaborar todas as atividades produtivas na própria empresa, ou se algumas partes do processo ou serviços deveriam ser repassados para a realização em outras ou por outras organizações.

> ➤ Variável nos relatórios de resultados do Mapee = (*1H19 - Etapas de produção em fluxograma lógico e passível de terceirização*).

1H20 (*Layout competitivo*) – O layout atual do negócio está adequado e proporciona competitividade à empresa?

Continuando com o pensamento da questão anterior, a descrição do processo de produção (venda, fabricação e/ou extração do solo) detalhado num fluxograma vai permitir projetar a necessidade de máquinas, equipamentos e instalações que serão empregados na obtenção final das mercadorias/serviços.

Por sua vez a distribuição dessas máquinas, equipamentos e instalações, ou seja, o layout da produção, permitirá verificar qual arranjo do espaço físico é o mais adequado à operação do empreendimento. Ocioso dizer que essa análise do espaço e do próprio fluxo de produção devem ocorrer sistematicamente, no sentido de verificar se estão e continuam proporcionando adequada competitividade à empresa.

> ➢ Variável nos relatórios de resultados do Mapee = (*1H20 - Diferencial competitivo e produtividade por conta do layout atual*).

1H21 (*Diferencial dos imóveis*) – A estrutura predial e o estado geral das instalações, seja imóvel próprio ou alugado, estão conduzindo a maior produtividade, representando um diferencial competitivo da empresa?

A 1H21 segue no mesmo sentido da 1H19 e 1H20. Então, descritas as etapas necessárias à produção e projetado um bom layout, será que as atuais instalações da empresa são adequadas? Evidentemente não devem ser levadas em conta na análise apenas as instalações físicas, deveriam também ser vistas todas as perguntas do bloco 2W (*Where*), para se chegar a uma resposta objetiva sobre o diferencial competitivo da empresa.

> ➢ Variável nos relatórios de resultados do Mapee = (*1H21 - Diferencial competitivo e produtividade por conta da estrutura predial e das instalações*).

1H22 (*Produtividade via tecnologia*) – **A tecnologia empregada pela empresa, em relação às alternativas existentes, possibilita boa produtividade sendo compatível com a situação atual do negócio?**

Pode haver mais de um modo de obter no final o mesmo produto ou serviço. Entretanto entre as formas de produzir, evidentemente, existem prós e contras. Os empresários devem estar atentos a essas variações, fazendo sempre uma análise de custo-benefício. Normalmente tecnologias mais avançadas requerem menos mão de obra, porém são mais caras. Será o caso de investir no presente, pensando em redução de custos com pessoal? E os demais gastos com a nova tecnologia são compensadores? Quais as alternativas?

> ➢ Variável nos relatórios de resultados do Mapee = (*1H22 - Produtividade por conta da compatibilidade da tecnologia atual com a situação presente da empresa*).

1H23 (*Controle de bens do ativo*) – **É mantido o controle dos bens do ativo operacional, com preço (aquisição ou locação), data de registro, localização, depreciação e valor atual de venda no mercado (caso seja próprio)?**

A previsão e o controle é o tema desta pergunta e das cinco seguintes, observando a empresa sob mais de uma perspectiva.

É o capital fixo ou ativo operacional que possibilita a realização da produção da empresa. Dependendo do valor deste capital, a proporção do lucro obtido na exploração do negócio será relativamente maior ou menor. Logo, é fundamental ter os dados e manter controle sobre as máquinas, equipamentos e instalações, para os sócios da empresa conhecerem, com a maior precisão possível, a taxa de retorno sobre o capital que está sendo possível obter no negócio.

Na economia capitalista a taxa de retorno é o número que sintetiza o resultado dos empreendimentos e permite a comparação entre setores. Essa taxa e percepções qualitativas, como risco, tipo de negócio e satisfação que o mesmo proporciona, é o que permite a avaliação da viabilidade da empresa para os sócios

Também esse controle está interligado com a próxima questão.

> ➢ Variável nos relatórios de resultados do Mapee = (*1H23 - Controle sobre os bens do ativo operacional com as informações necessárias*).

1H24 (*Atenção com maquinário*) **– Existe plano voltado para a manutenção e renovação da estrutura de produção? O plano gera economia operacional e permite análise comparativa entre aquisição, locação ou terceirização?**

Esta questão 1H24 só pode funcionar se os dados da 1H23 estiverem devidamente registrados. Atualmente, com os computadores, só empresários que por algum motivo não tenham interesse, deixam de lado o controle apontado na questão anterior.

Por sua vez, com o conhecimento do ativo operacional é possível calcular a produtividade das máquinas e equipamentos, seu índice de paradas e programar manutenções preventivas. Dependendo desses dados a empresa analisa a necessidade de renovação dos seus ativos operacionais, sempre comparando se o melhor é adquirir ou alugar o bem operacional.

A verificação de alternativas entre investir na aquisição de ativo ou ter despesa com a locação dele, é uma decisão estratégica, que depende de análise caso a caso. Construir um prédio fabril ou alugar, adquirir veículos ou locar, são decisões que dependem do tipo, finalidade, localização, dentre outras variáveis.

> ➢ Variável nos relatórios de resultados do Mapee = (*1H24 - Manutenção e renovação planejada das máquinas e equipamentos - aquisição ou locação*).

1H25 (*Atenção com os custos*) **– A empresa possui matriz com as composições dos custos dos produtos/serviços ofertados, incluindo valores unitários e quantitativos de insumos, de horas de trabalho e de horas/máquina que são necessárias para o ciclo completo da operação**

de produção, desde a recepção dos materiais/inputs até a entrega das vendas?

Esta pergunta tem relação direta com a **1H19** (*Fluxograma da produção*) e diz respeito ao ativo circulante ou capital de giro, enquanto as perguntas 1H20 a 1H24 estão relacionadas ao ativo fixo.

Para poder confeccionar sua matriz de composição dos custos, com quantidades de insumos, horas de trabalho de pessoas e da maquinaria, é básico ter o fluxograma de produção. Também, essa composição deve prever todo o ciclo operacional, desde a compra dos insumos, estocagem deles, fabricação, armazenagem das mercadorias fabricadas, esforço de vendas e entrega dos produtos vendidos.

Complementando, enquanto no parágrafo anterior se prevê quantitativos, neste ponto ressalta-se a necessidade de pesquisar e manter atualizado os valores ou preços unitários correspondentes. São eles que, multiplicados pelas quantidades, fornecerão o custo total de cada produto e da operação da empresa como um todo.

> ➢ Variável nos relatórios de resultados do Mapee = (*1H25 - Composição dos custos dos produtos/serviços ofertados, para o ciclo completo da operação de produção - da recepção à entrega das vendas*).

1H26 (*Custos-padrão e preços*) – **Os dados das composições de custos-padrão são sempre considerados na política de formação de preços?**

De nada adianta ter os dados citados na questão anterior de forma precisa, se a empresa não fizer uso deles, no sentido de compor seus preços. Novamente, com a informática é fácil de fazer isso e o resultado vai na linha do controle e cálculo da lucratividade da empresa.

Enquanto na questão 1H23 o enfoque foi semelhante, porém no sentido do ativo fixo, nesta pergunta o foco está voltado para o ativo circulante.

Reiterando, na economia de mercado o retorno sobre o capital traduz a essência das organizações. No **Mapee** defendemos que um simples número não é essa essência e o mesmo deve ser analisado, adicionalmente, em conjunto com sentimentos, percepções, o risco, o tipo do empreendimento e, principalmente, a satisfação que o mesmo proporciona para os sócios.

> ➤ Variável nos relatórios de resultados do Mapee = (*1H26 - Formação de preços com base nas composições de custos-padrão*).

1H27 (*Previsões orçamentárias***) – São elaboradas anualmente previsões orçamentárias de gastos, de investimentos, projeções do fluxo de caixa, da capacidade de pagamento e do ponto de equilíbrio?**

Esta pergunta, de forma ampla, sumariza os enfoques das anteriores 1H24 e 1H26, porém no sentido da previsão. No **Mapee** se toma a projeção do fluxo de caixa e o saldo nele projetado como a síntese do planejamento financeiro anual da empresa.

Também é importante separar os custos fixos (despesas) dos custos variáveis, pois essa separação é que possibilita calcular o ponto de equilíbrio para determinada capacidade de produção das empresas. O ponto de equilíbrio, por definição, é o nível de emprego da capacidade de produção de produtos ou serviços que iguala à receita ao gasto (total dos custos e despesas). Então, nesse ponto a receita nele obtida menos os custos variáveis só é suficiente para cumprir com as obrigações de despesas fixas da organização, sem sobrar nenhum recurso para investimento ou como lucro. Operando abaixo desse ponto, a empresa está com prejuízo e, acima, começa a ter alguma sobra (lucro bruto) que poderá ser destinada a reservas, investimento ou distribuição de lucro, após o pagamento dos impostos devidos.

Os consultores habilitados no **Mapee,** com especialização na área financeira, têm formação para elaborar a previsão citada nesta questão. É uma projeção da Demonstração de Resultados, como apresentada nos balancetes e balanço anual, a qual deve-se acrescentar a previsão de investimentos, tanto com aporte de capital próprio e como de terceiros (financiamentos e créditos de giro), bem assim os destinos dessas inversões.

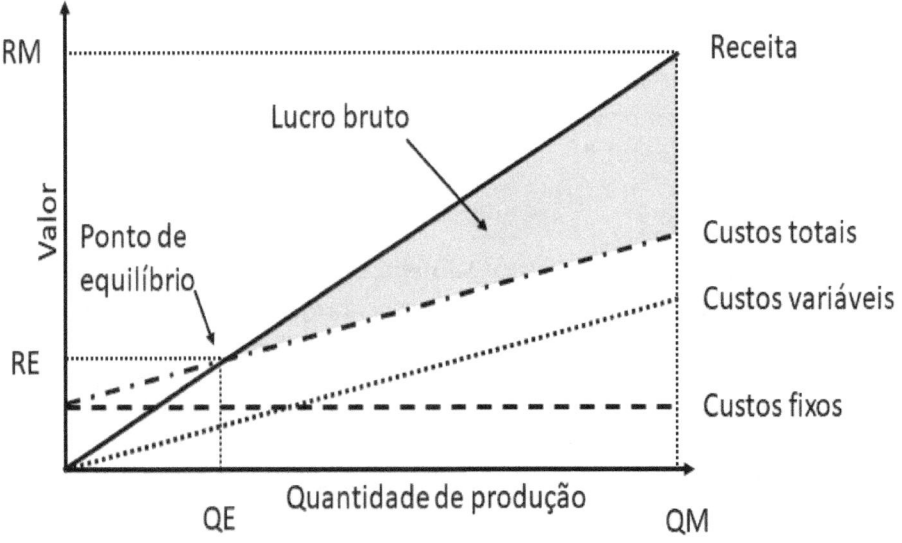

Como calcular o Ponto de Equilíbrio (PE)

- O que precisa ser conhecido
    - Quantidade de produção máxima equivalente a 100% de utilização da capacidade efetiva da unidade operacional (QM). *Obs.: Levar em consideração a questão 1W1*
    - Receita projetada com a utilização da capacidade de produção máxima da unidade operacional (RM). *Obs.: Considerar a questão 1W2*
    - Preço médio unitário de venda dos produtos/serviços (PU)
    - Custo variável médio unitário dos produtos/serviços (CVU)
    - Custos fixos da unidade operacional (CF)
- O que será calculado
    - Receita no Ponto de Equilíbrio (RE)
    - Quantidade de produção no Ponto de Equilíbrio (QE)
    - Custo variável total no Ponto de Equilíbrio (CVE). *Obs.: É igual a QE vezes o CVU*

- ➢ Utilização percentual da capacidade de produção (Q%) no PE
- Premissa
  - ➢ No Ponto de Equilíbrio (PE) os custos totais, fixos mais variáveis (CF + CVE), se igualam à receita de equilíbrio (RE)
- Cálculo
  - ➢ RE = CF + CVE, então:
  - ➢ (QE x PU) = CF + (QE x CVU), logo:
  - ➢ (QE x PU) – (QE x CVU) = CF, e:
  - ➢ QE (PU – CVU) = CF, dessa forma:
  - ➢ QE = CF / (PU – CVU), então:
  - ➢ Como são conhecidos CF, PU e CVU é evidente a obtenção de QE. Do mesmo modo a Receita no Ponto de Equilíbrio, pois RE = QE x PU
  - ➢ Também como QM é igual a 100%, percentualmente QE (Q%) é:
  - ➢ Q% = (QE/QM x 100).

➢ Variável nos relatórios de resultados do Mapee = (*1H27 - Elaboração de previsões orçamentarias (gastos, investimentos), projeções do fluxo de caixa e da capacidade de pagamento*).

1H28 (*Acompanhamento do orçamento*) **– O orçamento de gastos/investimentos e as projeções do fluxo de caixa e da capacidade de pagamento são acompanhados durante o ano, procurando ajustar as projeções à realidade?**

De nada adianta fazer um bom planejamento, na linha que normalmente se faz no final ou início do ano nas empresas, junto com o planejamento estratégico, e depois não acompanhar a realidade dos fatos numéricos, ou seja, como eles estão aderentes, ou não, aos números projetados.

Uma boa aplicação do **Mapee**, evidentemente, precisa incluir não apenas o acompanhamento mensal dos números, como também a análise das previsões qualitativas da empresa. Só assim será possível verificar se os negócios estão no rumo previsto ou, então, a necessidade de correções da rota.

Também é o fluxo de caixa, evidentemente bem acompanhado e calculado, que permite apurar a Taxa Interna de Retorno (TIR) do empreendimento. Esse número expressa uma síntese, que possibilita a comparação de qualquer negócio com outros e mesmo com taxas de juros e de títulos, tanto privados como públicos. Ressalta-se que a TIR apenas sintetiza a perspectiva financeira, necessitando de uma análise que perceba os aspectos lógicos e qualitativos inerentes a cada negócio.

> ➢ Variável nos relatórios de resultados do Mapee = (*1H28 - Acompanhamento e ajuste à realidade do orçamento de gastos/investimentos e do fluxo de caixa*).

1H29 (*Excelência na gestão*) – **São promovidas melhorias nas práticas de gestão, com o foco em manter a administração alinhada com as exigências daquelas empresas que buscam a excelência?**

Excelência é um termo bastante utilizado na área de gestão da qualidade, sendo no Brasil o conceito fundamental difundido pela Fundação Nacional da Qualidade (FNQ) www.fnq.org.br.

No **Mapee** defendemos também que a busca da excelência realmente é um caminho virtuoso, o qual deve ser trilhado a partir das condições e possibilidades inerentes a cada empresa, devendo todas elas fazer a própria análise sobre suas metas, considerando o que para essa organização seja a visão de mundo *excelente*.

É evidente que existem padrões para comparação, porém tão importante como alcançar uma meta de gestão é adquirir consciência do valor da excelência e dirigir esforços no seu sentido, sabendo que a perfeição sempre está à frente e precisa ser idealizada para ser perseguida.

Com a contribuição do **Mapee** é possível alcançar a excelência, mas o percurso para lá chegar é modelado pela própria organização. Nesse ponto o método difere do MEG (Modelo de Excelência da Gestão) da FNQ, haja vista que o modelo de excelência estabelece previamente os resultados almejados, cabendo simplesmente às empresas procurar atingir os padrões ideais.

> ➤ Variável nos relatórios de resultados do Mapee = (*1H29 - Melhorias nas práticas de gestão em busca da excelência*).

WHY? – Perguntas sobre o PORQUÊ da empresa — os resultados alcançados, a sustentabilidade e o retorno social.

O último bloco de questões do **Mapee** é sobre a razão de ser das empresas. Neste texto temos falado que na economia capitalista ou de mercado o *porquê (Why)* é dado inicialmente pelo lucro, ou seja, pelo retorno financeiro que o negócio oferece ou poderá vir a oferecer para os seus sócios.

Embora ressaltando a relevância do resultado operacional positivo, que atenda ao interesse dos sócios e a continuidade da empresa (sem isso a organização está à caminho da falência), defendemos que aliado ao resultado financeiro é importante perceber no fenômeno empresarial, também, outras dimensões.

Nesse sentido, para quem participa do negócio, deve contar a satisfação que a ocupação lhe traz, observando que dispendemos no trabalho grande parte das nossas vidas. Logo, é fundamental existir sintonia ou identidade entre os objetivos pessoais, profissionais e empresariais.

Olhando para a sociedade, para o serviço que a empresa lhe presta, é significativo observar o que está sendo oferecido pela organização. Qual seja, bens tangíveis ou intangíveis que engradeçam a vida material, intelectual; que colabore para o prazer de viver ou para aprimorar o comportamento humano, seja direta ou indiretamente. Ademais, obtendo bons resultados sem agredir a natureza ou prejudicar a humanidade.

Para saber se o sentido da empresa está sendo alcançado é fundamental ter metas e parâmetros, sejam quantitativos ou qualitativos. Considerando este fato as questões do bloco *porquê* levam em conta a definição de padrões comparativos. Entretanto, comparação não é imitação ou simples repúdio. Importante é a análise individual e a reflexão sobre se o caminho daquela outra organização deve ser seguido; sendo o caso, com quais ajustes?

Logicamente cada pessoa, física ou jurídica, deve ter seus próprios objetivos e valores. Se não tem, está literalmente perdida!

5W1 (*Rentabilidade*) – **A empresa tem meta de Rentabilidade (divisão do lucro líquido pelo patrimônio líquido), de TIR (Taxa Interna de Retorno) ou de Payback? A Rentabilidade, TIR ou Payback está abaixo, acima ou igual à meta estabelecida?**

A verificação da rentabilidade do patrimônio constitui o principal indicador empresarial, porque mede o retorno do investimento para os sócios. A rentabilidade é calculada mediante a divisão do lucro líquido pelo patrimônio líquido. O resultado é expresso em porcentagem. No site do **Mapee** estão disponibilizados os dados sobre a rentabilidade das empresas brasileiras, que são divulgadas pela Revista Exame Melhores&Maiores, e, pela publicação Valor 1000, do Jornal Valor Econômico. São parâmetros objetivando fazer comparações.

Pontua-se que a Rentabilidade é um índice referente a um período específico, normalmente um ano ou um exercício fiscal. Por sua vez a TIR implica a montagem de uma projeção do fluxo de caixa da empresa, com a previsão de todas as receitas, despesas, investimentos e desinvestimentos, e isto durante mais de um ano, variando este tempo conforme o período de referência estabelecido para comparação com outros negócios ou investimentos. A TIR é a taxa de desconto que vai possibilitar trazer e igualar no tempo presente os somatórios projetados, ano a ano, de todas as entradas e saídas de caixa.

O Payback é um índice de retorno do investimento que não leva em conta o custo do capital. É obtido simplesmente pela divisão do investimento pelo lucro de um negócio, projetado no período de um ano. O resultado dá uma ideia, em períodos de baixa inflação, do tempo necessário para a recuperação de determinado investimento. Por exemplo, se o investimento é de $ 100.000,00 unidades monetárias e o lucro líquido anual projetado é de $ 20.000,00, o retorno do capital (sem considerar o custo de oportunidade) se dará em 5 anos.

No que se refere ao cálculo da Rentabilidade aqui reitera-se a importância de manter a contabilidade atualizada, com os dados do patrimônio líquido devidamente computados, pois só assim é possível conhecer a viabilidade financeira do empreendimento. Um total de ativos fixo e circulante que tenha no lado do passivo, como contrapartida, elevados níveis de recursos de terceiros (passivo coberto com financiamentos de longo prazo e créditos de curto prazo) pode mostrar um patrimônio líquido negativo e indicar que o negócio não está sendo viável. Talvez, juros elevados estejam absorvendo o lucro.

Então, analisando a Rentabilidade e/ou TIR da empresa, verifica-se: está abaixo da meta por ela estabelecida, não se tem meta ou está acima?

> ➢ Variável nos relatórios de resultados do Mapee = (*5W01 - Rentabilidade da empresa - retorno sobre o investimento*).

5W2 (*Margem de vendas ou Ebitda*) **– A empresa tem meta para a Margem de vendas (divisão do lucro líquido pelas vendas líquidas) e/ou de Ebitda (Lucro líquido mais depreciação, despesas com financiamentos e impostos sobre lucros)? A margem de vendas e/ou Ebitda está abaixo, acima ou igual à meta estabelecida?**

A margem das vendas é a divisão do lucro líquido pelas vendas líquidas, expressa em porcentagem. No site do **Mapee** estão disponibilizados os dados sobre a margem de vendas das empresas brasileiras que são divulgadas pela Revista Exame Melhores&Maiores, e, pela publicação Valor 1000, do Jornal Valor Econômico. São números de referência.

A diferença da Margem para o Ebtida consiste que a Margem compara as vendas com o lucro líquido, enquanto o Ebitda se relaciona com o lucro operacional, qual seja, acresce a depreciação, amortização, despesas com financiamentos e impostos sobre o lucro. Assim o Ebitda pode comparar negócios sem levar em conta os juros com o financiamento da atividade, também excluindo os impostos sobre o lucro, bem como a depreciação e amortização. Com isso diferenças de taxas de juros e impostos são neutralizadas nas comparações, da mesma forma que apenas outras saídas efetivas de caixa são consideradas. O Ebitda é útil para fazer comparações de negócios similares em distintos ambientes econômicos, pois as diferenças locais de juros e impostos são neutralizadas.

Principalmente se faz necessário comparar a margem e/ou Ebitda em relação ao risco do negócio, pois um índice muito alto pode indicar um risco elevado (e atrair concorrentes) e margens baixas também são perigosas, podendo, num descuido, transformar-se em prejuízo.

Assim, analisando o potencial do negócio e a média do setor, observa-se que a margem de vendas e/ou Ebitda está abaixo da meta estabelecida pela empresa, não se tem meta ou está acima?

> ➢ Variável nos relatórios de resultados do Mapee = (*5W02 - Potencial da margem de vendas em relação ao setor - lucro líquido/vendas líquidas*).

5W3 (*Alcance das metas de vendas*) – **A empresa tem meta para o crescimento das vendas (evolução da receita líquida das vendas em reais, descontada a inflação)? O crescimento das vendas está abaixo, acima ou igual à meta estabelecida?**

O crescimento das vendas é medido considerando a evolução da receita líquida das vendas em reais, descontada a inflação média apontada pela variação do IPCA-IBGE. No site do **Mapee** estão disponibilizados os dados dos últimos anos sobre o crescimento das vendas das empresas brasileiras, conforme são divulgadas pela Revista Exame Melhores&Maiores, e, pela publicação Valor 1000, do Jornal Valor Econômico. É interessante comparar o dado da empresa com congêneres e fazer a análise das diferenças.

Cada empresa deve analisar a própria conveniência no que se refere a estabelecer sua meta de vendas. Nem sempre um número maior indica o melhor, ou seja, há que ser calibrado com cuidado e repassando as questões do bloco *What*. A meta é uma opção interna da empresa, mas logicamente deve levar em consideração o movimento dos consumidores e da concorrência. Seja como for, é importante manter controle sobre o espaço atual, as condições e possibilidades do negócio, para não ser pego de surpresa pelo mercado. De qualquer modo, crescer sem planejamento pode trazer problemas no futuro.

Então, analisando o potencial do negócio e a média do setor, o crescimento das vendas está abaixo da meta estabelecida para a empresa, não se tem meta ou está acima?

> Variável nos relatórios de resultados do Mapee = (*5W03 - Alcance das metas de vendas considerando o potencial do negócio e a média do setor*).

5W4 (*Liquidez*) – **A empresa tem meta para a liquidez corrente (divisão do ativo circulante pelo passivo circulante)? A liquidez corrente está abaixo, acima ou igual à meta estabelecida?**

A liquidez corrente é o ativo circulante dividido pelo passivo circulante. Ou seja, compara num dado momento e considerando determinado período, os valores que a empresa tem a receber em relação com aqueles que tem para pagar. Esta questão está relacionada com as 1H10 e 1H28. No site do **Mapee** estão disponibilizados os dados dos últimos anos sobre a liquidez das empresas brasileiras, conforme são divulgadas pela Revista Exame Melhores&Maiores, e, pela publicação Valor 1000, do Jornal Valor Econômico. São parâmetros para comparações.

Assim, analisando a média do setor, observa-se que o número obtido está abaixo da meta estabelecida pela empresa, não se tem meta ou está acima da meta?

> Variável nos relatórios de resultados do Mapee = (*5W04 - Liquidez corrente de acordo com a meta estabelecida e considerando a média do setor - ativo circulante/passivo circulante*).

5W5 (*Nível de solvência*) – **A empresa tem meta para o índice de liquidez geral (relação entre os recursos da empresa que não estão "imobilizados" e o total da sua dívida – divisão da soma do ativo circulante mais o realizável no longo prazo pela soma do exigível total)? O índice é menor ou maior que 1,0? (sendo menor, se prevê medidas de ajuste).**

A liquidez geral mostra a relação entre os recursos empresariais que não estão "imobilizados" e o total da dívida do negócio. É calculada pela divisão da soma do ativo circulante mais o realizável no longo prazo, pela soma do exigível total. Dessa divisão obtém-se um índice. Se for menor que 1, conclui-se que o negócio, para manter a solvência, dependerá dos lucros futuros, da renegociação das dívidas ou da venda de ativos.

É um sinal de debilidade partir para a venda do imobilizado, seja prédios, máquinas ou equipamentos, com o objetivo de arrecadar recursos para manter a empresa; a não ser em razão de uma estratégia deliberada pelos sócios, bem como realizada de modo planejado. Afinal, sempre é importante comparar se o mais adequado é ter bens próprios ou alugados.

De qualquer forma, o cálculo do *nível de solvência* já afasta a possibilidade de venda de ativos, ou seja, procura observar se a empresa, com os recursos que tem para receber no curto e no longo prazo, consegue dar conta do total da sua dívida. Caso não consiga, outras perspectivas estão em possíveis lucros futuros ou, talvez, partir de imediato para a renegociação das dívidas, bem como para a venda planejada de ativos.

No site do **Mapee** estão disponibilizados os dados dos últimos anos sobre o *nível de solvência* das empresas brasileiras, conforme são divulgadas pela Revista Exame Melhores&Maiores, e, pela publicação Valor 1000, do Jornal Valor Econômico.

Analisando o índice da empresa, entende-se que a posição é confortável ou ela está numa situação delicada?

> ➢ Variável nos relatórios de resultados do Mapee = (*5W04 - Liquidez corrente de acordo com a meta estabelecida e considerando a média do setor - ativo circulante/passivo circulante*).

5W6 (*Riqueza criada por empregado*) **– A empresa tem meta para a riqueza criada por colaborador (produtividade da mão de obra – resultado da diferença entre o total das receitas menos o valor total dos insumos empregados na produção, dividida pelo total de empregados)? A riqueza criada está abaixo, acima ou igual à meta estabelecida?**

A riqueza criada por uma empresa é a diferença entre o total das receitas menos o valor total dos insumos empregados na produção. É importante relacionar essa riqueza com a quantidade de mão de obra que foi utilizada para produzi-la. A Melhores&Maiores publica anualmente essa relação para vários setores econômicos.

É um dado conhecido também como produtividade da mão-de-obra e mede a competitividade da empresa, em relação as suas congêneres. No caso particular de uma empresa, é necessário verificar o grau da tecnologia empregado na produção, observando que processos mais modernos necessitam menos empregados.

Indiretamente a produtividade da mão de obra também indica o nível de habilidade e de capacitação dos empregados, haja vista que melhores funcionários conseguem, num mesmo período, produzir mais do que aqueles menos preparados. Com isso a empresa tem condições de pagar melhores salários e a economia como um todo é beneficiada, considerando que uma maior remuneração eleva a qualidade de vida.

Fazendo a análise do seu negócio quanto à riqueza criada por empregado (produtividade da mão de obra), levando em conta o seu potencial e a média do setor, a empresa está abaixo da meta estabelecida, não tem meta ou está acima?

> ➢ Variável nos relatórios de resultados do Mapee = (*5W06 - Riqueza criada por empregado (produtividade da mão de obra), levando em conta o seu potencial e a média do setor*).

5W7 (*Clima organizacional*) **– Há na empresa um clima organizacional positivo, amistoso e colaborativo?**

No **Mapee** argumentamos que o sistema capitalista vem se alterando com o passar dos anos, evoluindo como ocorre com todos os entes vivos (naturais ou criados pelo homem). De todo modo ficou para trás a cultura do capitalismo mercantil, a qual, por exemplo: se apossou das Américas, matando e assaltando os seus habitantes nativos; incentivou a pirataria; e, explorou o comércio de escravos. Também é coisa do passado a conformação do capitalismo industrial que explorava, até mesmo, o trabalho de crianças, onde as pessoas legalmente permaneciam na labuta por mais de quinze horas diárias e sem nenhum direito trabalhista (pensar em descanso semanal ou férias já foi considerado sinal de preguiça).

Desse modo, a cultura capitalista que chegou ao século XXI é mais humanizada, não se preocupa apenas com o lucro e a qualquer preço, ou seja, também passou a ficar atenta à preservação da natureza e ao bem estar da sociedade, até mesmo porque o próprio sistema de mercado perecerá, se ele próprio não pensar no planeta Terra e cuidar dele.

É nessa linha de evolução que os sócios (capitalistas/investidores) passaram a dar atenção ao clima organizacional, pois um ambiente de trabalho positivo, amistoso e colaborativo traz retorno para a empresa. Ao contrário, no mundo atual é cada vez mais difícil encontrar pessoas dispostas a se empregar numa organização que seja marcada pela inimizade, rivalidade e competição interna.

> ➢ Variável nos relatórios de resultados do Mapee = (*5W07 - Clima organizacional positivo, amistoso, colaborativo e favorável ao sentimento de pertença*).

5W8 (*Índices de turnover e afins*) – **índices como turnover, absenteísmo, afastamentos e acidentes são monitorados e possuem política de prevenção e controle?**

Esta questão está alinhada coma anterior. Cuidar das pessoas é também preocupar-se com problemas como turnover, absenteísmo, afastamentos e acidentes de trabalho. Caso sejam observados na empresa índices acima da média nesses casos, é importante analisar as causas e trabalhar para que sejam superadas, haja vista que são pontos negativos para as pessoas e para sociedade, bem como traz prejuízo para a empresa.

> ➢ Variável nos relatórios de resultados do Mapee = (*5W08 - Monitoramento dos índices de turnover, absenteísmo, afastamentos e acidentes são monitorados e possuem política de prevenção e controle*).

5W9 (*Satisfação dos vizinhos*) – **Qual o grau de satisfação da vizinhança com a operação da empresa? Existe queixa formal contra a empresa?**

Não faz muito tempo que os empresários, pelo menos no Brasil, pouco se incomodam sobre o que a vizinhança pensava quanto à operação da empresa.

Na verdade, no passado, se um estabelecimento causasse incômodo, muito provavelmente as autoridades iriam dar razão ao empresário, pois "simplesmente" por meio do poder financeiro ele fazia valer sua força. Não é mais assim. Atualmente, existe legislação sobre a poluição que uma empresa ocasiona, seja com resíduos de qualquer espécie, além disso, poluição sonora ou visual. O poder público como um todo, não só o executivo, mas o judiciário e principalmente o Ministério Público, no Brasil foi fortalecido com a constituição de 1988, mudando a realidade das reclamações coletivas no País. Paralelamente há liberdade de imprensa, que nos casos mais graves pode ser acionada e mostrar os fatos com a isenção, característica requerida da mídia profissional.

Essa pressão faz que as empresas agora tenham mais atenção com as queixas da vizinhança e procurem realizar ações mitigadoras, contra impactos que possam causar no espaço onde estejam estabelecidas. Por outro lado, contar com a satisfação dos vizinhos num determinado local é um bom indicativo do retorno da organização para a sociedade, no caso, para a comunidade próxima.

> ➢ Variável nos relatórios de resultados do Mapee = (*5W09 - Satisfação dos vizinhos com a operação do negócio*).

5W10 (*Relacionamento com a comunidade*) – **A empresa possui um bom relacionamento com a comunidade do seu entorno? Tem iniciativas na promoção de atividades sociais e comunitárias?**

No capitalismo que apregoa a responsabilidade social, um movimento esperado da empresa é com a liderança e realização de ações em prol da cidadania. Nesse caso, um bom começo é trabalhar junto à comunidade do entorno, promovendo atividades que contribuam para elevar o nível sociocultural e o capital social.

> Variável nos relatórios de resultados do Mapee = (*5W10 - Relacionamento próximo e proativo com a sociedade - promoção de atividades sociais e comunitárias*).

5W11 (*Balanço social*) **– A empresa possui Balanço Social das suas atividades?**

O balanço contábil é uma peça obrigatória para as médias e grandes empresas. Por meio dele, além de demonstrar para aos sócios os resultados financeiros da organização, é possível extrair os dados necessários para apresentar ao fisco o cálculo anual do imposto de renda devido. As pequenas empresas também estão obrigadas a apresentar ao governo o seu ganho, embora a legislação não obrigue a elaboração formal de balanços.

Analisando o texto acima observa-se que o foco está no ganho financeiro das empresas. Com efeito, ainda não existe, de modo formal, compromisso com a avaliação do retorno dos negócios para a sociedade. Entretanto, nada impede que as organizações elaborem os seus relatórios de sustentabilidade. Nós do **Mapee** recomendamos que as empresas procurem atender as diretrizes da *Global Reporting Initiative* (GRI), que é uma organização internacional voltada para ajudar as empresas, governos e outras instituições a compreender e comunicar o impacto dos negócios nas questões referentes ao meio ambiente e à sociedade civil. Com isso os balanços sociais podem ser apresentados utilizando os Padrões GRI de Relatório de Sustentabilidade, ou seja, atendendo as diretrizes do G4. Destaca-se que empresas de qualquer porte tem condições de se adaptar ao GRI, pois a instituição disponibiliza questionários de acordo com o tamanho e tipo de organização.

> Variável nos relatórios de resultados do Mapee = (*5W11 - Balanço Social das suas atividades*).

5W12 (*Sustentabilidade*) **– A empresa está atenta as questões de sustentabilidade (ambiental, social e econômica)? Ela considera essas questões na tomada de decisões?**

Nesta última questão do **Mapee** procuramos sintetizar o que se espera de uma empresa do século XXI. Qual seja, atenção à sustentabilidade dentro do conceito do *Tripple Bottom Line*, que norteia a operação das organizações a partir de três pilares: o econômico, o social e o ambiental.

Nesta conclusão seguimos os passos do Conselho Empresarial Brasileiro para o Desenvolvimento Sustentável (CEBDS), e transcrevemos alguns dos princípios que essa organização defende para os empresários:

"O desenvolvimento só pode ser sustentável quando todos os integrantes do sistema sócio-econômico-político-cultural conseguem realizar o seu melhor. Tenha sempre consciência do enorme poder que suas decisões e ações têm sobre a vida de pessoas e de todos os seres vivos. É um poder que se manifesta em todas as direções e ao longo do tempo. As decisões e ações de hoje têm o poder de criar o futuro. A natureza é marcada por interligação e interdependência, por sistemas dentro de sistemas, sendo a Terra o maior de todos. Essa perspectiva é o cerne do desenvolvimento sustentável. Mantenha-se sempre consciente que tudo o que você pensa, fala, decide e faz tem impacto no todo. Portanto, seja um agente da evolução do todo a partir de cada decisão ou gesto, desde os menores e mais simples até os mais amplos e complexos. Mantenha sempre a consistência e a coerência em tudo o que você pensa, fala e faz.

Concentre sua atenção e energia na busca de soluções práticas para os desafios que o desenvolvimento sustentável coloca e sempre vai colocar. Evite desperdiçá-las em diagnósticos ou críticas e busca de culpados. Isto não constrói. Problemas, barreiras, desafios, o inesperado, o ambíguo, as incertezas, tudo isso faz parte do processo natural de evolução. Alcançar o desenvolvimento plenamente sustentável requer atitude construtiva. Inclusive para mobilizar outras pessoas e organizações para a busca deste ideal. Isto se faz com postura de otimismo e contágio por meio de energias positivas.

Ética é a escolha pelo bem comum. Quando em dúvida, escolha a alternativa que melhor atenda o bem comum. Isto naturalmente conduzirá ao desenvolvimento sustentável. Não espere que leis, normas e regulamentos determinem o que deve ser feito. Analise sempre as consequências das alternativas e decida com base em sua consciência. Seja protagonista. Conquiste a liberdade que a auto regulação confere aos verdadeiros líderes.

Busque ativa e incansavelmente atrair outras pessoas e organizações para a causa do desenvolvimento sustentável. Não fique apenas 'pregando para os convertidos'. Não discrimine os que ainda atuam com baixo nível de consciência em relação a este propósito. Faça com que sua atuação em todos os ambientes seja inspiradora e mobilizadora. Atraia e acolha a todos, com boa vontade, tolerância e aceitação positiva. Mesmo os que se oponham, até tenazmente, a mudar seu modo de ser. Eles podem ser instrumentos para você checar a solidez de suas convicções".

> ➢ Variável nos relatórios de resultados do Mapee = (*5W12 - Priorização das decisões tendo em conta a sustentabilidade integrada - ambiental, social e econômico-financeira*).

CONCLUSÃO

Ao cabo destas explicações sobre cada questão do **Mapee**, a expectativa é que tenham sido sanadas boa parte das dúvidas eventualmente suscitadas com a simples leitura das perguntas, bem como as fundamentações destas tenham ficado claras.

Ademais, é importante registrar que as questões são, apenas, pontas de verdadeiros *icebergs* da teoria e prática da administração, com outras palavras, cada ponto levantado pelas indagações pode envolver técnicas, mais ou menos sofisticadas, da ciência das organizações.

Nesse sentido, toda tecnologia que for apresentada para resolver problemas administrativos, mesmo que sejam "primitivas" e ainda à base de papel e lápis, deve permitir a discussão e mitigação de eventuais dificuldades levantadas para a organização das empresas. Então, cada CNPJ deve observar o seu estágio de evolução e procurar as ferramentas organizacionais que melhor se adequem a sua particularidade.

Sugestões e questionamentos poderão ser enviados através da plataforma Mapee.com.br. Ressaltamos que as manifestações serão benvindas, na perspectiva de aprimoramento deste método, que é apresentado à sociedade com a expectativa de ser uma ferramenta útil para a evolução das organizações e para a construção de comunidades que atendam os anseios de todos nelas envolvidas (*stakeholders* no caso das organizações empresariais).

Finalizando, acreditamos que esse anseio está bem sintetizado na máxima conhecida como a *Regra de Ouro*, a qual está presente em várias culturas e, inclusive, foi validada pela Teoria Econômica[13]: "faça com os outros aquilo que gostaria que fosse feito a você".

NOTAS

[1] Registra-se que não é de admirar o fato dos estudos na área de administração serem feitos de modo fragmentado. Isso é fruto do método cartesiano, que nasceu com a ciência moderna no século XVII, o qual metodicamente separa todas as coisas para estudar mais a fundo e em detalhe. Porém, desse modo, perde a perspectiva da totalidade do fenômeno. Como a pesquisa no campo da administraçãode empresas só surgiu na era moderna, já no início do século XX, ao contrário, por exemplo, da milenar ciência médica, é natural que os estudos organizacionais ainda sejam realizados predominantemente na forma de especializações, por áreas de gestão envolvendo conhecimentos específicos, apenas oferecendo bases para analises setoriais e operações departamentalizadas.

[2] Na América Latina o livro Manual de projetos de desenvolvimento econômico é o clássico da TEAP, organizado pelo Engenheiro Júlio Melnick (consultor das Nações Unidas na década de 1950).

[3] O conjunto de perguntas atualmente conhecido como 5W1H remonta à filosofia pré-socrática. Na antiga Grécia fundamentavam o Logos, ou seja, a análise lógica, do sentido ou razão da existência das coisas. Foi só há poucos anos que no idioma inglês esse conjunto de questões foi designado como 5W1H. Quem não conhece a história até pode pensar que é coisa criada pelos norte-americanos (A bem da verdade eles acrescentaram outro "H", ficando então 5W2H, dada a importância que a medição das coisas passou a ter no mundo moderno). Mas, por exemplo o filósofo Nietzsche, um estudioso dos antigos gregos, inspirado neles usava nos seus textos o hoje denominado 5W2H, como se vê no aforismo nº 12, do livro Crepúsculo dos ídolos, capítulo Máximas e flechas: "Tendo seu por quê? da vida, o indivíduo tolera quase todo como?" (itálicos do autor de Assim falava Zaratustra).

[4]É interessante resgatar que ao tempo que o capitalismo mercantil surgia, também foi criada a técnica das partidas dobradas, para facilitar a contabilização dos valores envolvidos nos negócios. Com efeito, a ampliação do quadro de sócios e o aumento da complexidade das operações provocou a necessidade de desenvolver um modo adequado de contabilização dos créditos e dos débitos, para apurar o lucro (ou prejuízo) que os capitais envolvidos nos negócios estavam auferindo. Por sua vez, em razão da disrupção provocada pela cultura capitalista, inicialmente com o mercantilismo que explorou (saqueou) a América Latina e,

depois, com a industrialização avançando na Europa, em meados do século XIX constatou-se, com espanto, a mudança revolucionária que a economia de mercado estava realizando na sociedade ocidental. Nesse sentido, é fato que o capitalismo, quando está sem controle, é um sistema que passa como se fora um "trator" por cima das pessoas, dos recursos naturais, da sociedade e das culturas tradicionais (alegóricas, impensadas e dogmáticas) que estiverem em vigência. Foi assim, como as indústrias sendo associadas aos seus criadores, ou seja, aos empresários fundadores, que esses ficaram tão malvistos como aquelas. Dessa forma confunde-se a criatura com o criador. Não é por outro motivo que o regime comunista quer jogar fora a empresa capitalista junto com o balde, água do banho, berço etc.

[5] Não se deve esquecer que os empreendedores estão, muitas vezes, num jogo de poder interno pelo controle das empresas, disputando ascendência também com outros sócios. Observa-se em algumas situações, até mesmo quando uma organização é familiar e nem ultrapassou a primeira geração, lutas internas intensas no ambiente estratégico. Assim sendo, evidentemente esses são casos de governança que devem ser tratados com o devido cuidado, para não comprometer o negócio como um todo.

[6] Por exemplo, não se pensa na Academia de Platão ou no Liceu de Aristóteles, como empreendimentos que visavam obter resultado financeiro. Eram organizações voltadas exclusivamente para desenvolver o pensamento e ampliar o conhecimento do homem sobre a natureza e o cosmo como um todo.

[7] A título de curiosidade, perceba-se que algumas igrejas contemporâneas, principalmente evangélicas e neopentecostais, juntam os princípios da administração empresarial às questões divinas. Aqui, pensamos que Lutero e outros líderes protestantes não devem ser esquecidos, pois no início da era moderna (quando o capitalismo também nascia) eles se rebelaram contra a religião dos papas romanos, justamente porque a igreja católica estava misturando dinheiro com as questões de Deus. Ou seja, hoje algumas igrejas que nasceram do protestantismo, quando estão mesclando a fé com o lucro, fazem exatamente aquilo que os revolucionários do cristianismo contestaram (trocar dinheiro por graças) – há que se expulsar os vendilhões do templo!

[8] Príncipes, reis e déspotas com bênçãos divinas se apoderaram da governança da

Terra por aproximadamente 1800 anos, enquanto seus sucedâneos (governantes eleitos pelo voto), que surgiram a partir do Iluminismo (século XVIII), só predominam há cerca de 200 anos. Ou seja, em termos práticos se pode afirmar que o poder principesco e dos impérios (monocráticos, teocráticos e autocráticos) se alternavam governando o ocidente, sem contestação, até o final do século XVIII. A partir de então, pode-se dizer, as repúblicas e democracias passaram a se tornar proeminentes no nosso mundo. Por sua vez as repúblicas e democracias, pelo menos contemporaneamente, confundem-se com o mundo empresarial e com o capitalismo liberal e responsável. Nesse contexto é a economia, não mais a política das forças atemporais das religiões e reis, que tem se sobressaído na condução da sociedade, principalmente a partir da virada do século XIX para o XX. De fato, parece que passou o tempo em que um papa coroava o rei e a ele dava poderes divinos para governar a sua província ou país (é interessante rever O Príncipe, de Maquiavel). Ademais, isso era "pacificamente" aceito pela população, tendo em vista a fé na ligação do papa com Deus. Lembra-se que quando se trata de república e democracia está se falando de fenômenos recentes (esquecendo a antiga Grécia – outra realidade), ainda no nascedouro ou infância, precisando aprender a andar com as próprias pernas e, depois, desenvolver-se no curso da existência. Todavia, se acredita que o melhor caminho para a vida humana é a democracia e a liberdade de escolha. Embora, reconhecendo que esse caminho apenas está sendo aberto, ou seja, de fato falta ser construído (a sociedade humana ainda está longe da simples fase de manutenção planejada dessa estrada). Enfim, o homem ainda não aprendeu a viver conjugando os valores liberdade e responsabilidade.

[9] Mesmo que no futuro uma pergunta venha se mostrar pouco relevante, em razão das "voltas da vida" (também observada na administração empresarial), essa pergunta poderá deixar de ser feita, mas, a sua posição precisa ser preservada, sob pena de quebrar a estrutura de inter-relações existente entre as questões do sistema por trás do Mapee. Por essa mesma razão, se uma pergunta completamente nova se tornar necessária, em função de outro ponto de vista que apareça na administração das empresas, ela deverá localizar-se sempre após as últimas questões que já estão postas, enquadrando-se em um dos blocos de questionamentos do 5W2H. Essa colocação, após todas as perguntas de um bloco, em vez de posicioná-la de outra forma no questionário, facilitará as identificações de novas inter-relações. Adicionalmente, para mostrar-se diferente do bloco original, será colocada a letra "a" após o número de uma questão que for acrescida. Por exemplo, futuramente poderá existir a pergunta 1W17a, considerando que a última questão sobre What é originalmente a 1W16.

[10] Verdadeiramente o ser humano pouco conhece sobre si mesmo. Talvez a

pesquisa não esteja mais avançada porque há aproximadamente 2500 anos (desde Platão) ele trocou os estudos filosóficos sobre o Eu, um campo muito terrestre, pela ideia da ligação (ou religação) com outros mundos. Adicionalmente, desde o Rei romano Constantino (século IV), o cristianismo abandonou a mensagem cristã original para tomar a força e o poder político como valores primordiais, ou seja, a mensagem amorosa de Cristo foi confiscada pela autoridade romana que, em seu lugar, colocou a pregação e aceitação do sofrimento como valor supremo. Só há cerca de 100 anos a reflexão sobre o Eu voltou à tona, com a disrupção filosófica promovida por Nietzsche e a redescoberta da psicologia, a partir da psicanálise criada por Freud.

[11] O psicólogo norte americano Abraham Maslow (1908-1970) criou um conceito de necessidades humanas que é disposto em cinco níveis: 1º. Necessidades da fisiologia humana, como respiração, sono, comer, beber e sexo; 2º. Necessidade de segurança, como emprego ou renda, proteção contra ameaças, saúde, bens pessoais; 3º. Necessidade de amor e relacionamento, como amizades, relacionamento amoroso e pertencimento; 4º. Necessidade de estima, como reconhecimento, respeito, realizações e confiança; 5º. Necessidade de realização pessoal, como independência, valores morais, criatividade, controle, resiliência e autoconhecimento. Existem críticas ao desenvolvimento de Maslow, principalmente porque ele afirmou que as necessidades funcionariam como uma escala, ou seja, para ir no nível de necessidade seguinte o anterior precisaria estar parcialmente satisfeito. Isto foi contestado por Viktor Frankl, que viu nos campos de concentração pessoas com necessidades fisiológicas precariamente atendidas, mas, priorizando o nível 5º de necessidade da escala. Seja como for, a teoria de Maslow é fundamental como ponto de partida para a análise das necessidades humanas.

[12] O economista austríaco Joseph Schumpeter (1883-1950) tomou a inovação como a variável central para a explicação do desenvolvimento econômico. Para ele o capitalismo evolui alternando fases de expansão e de depressão. As mudanças entre fases ocorrem em razão de novas combinações econômicas, quais sejam: a introdução de um novo bem; aplicação de um novo método de produção; a abertura de um novo mercado; a descoberta de uma nova fonte de matéria-prima; o estabelecimento de uma nova forma de organização da indústria.

[13] A validade da regra de ouro foi comprovada matematicamente pelo cientista norte americano John Nash, que em razão deste trabalho ganhou o Prêmio Nobel de Economia, em 1994.

www.ingramcontent.com/pod-product-compliance
Lightning Source LLC
Chambersburg PA
CBHW021438210526
45463CB00002B/561